MALICE &
STRATÉGIE !

Violette Nouailhac
8 rue Saint Jacques
95160 Montmorency

https://www.cellule-de-conseil-aux-e-boutiques.com/

Publication 2019 - Edition : Violette Nouailhac – Ile de France

Achevé d'imprimer en avril 2019

Dépôt légal : avril 2019

ISBN n° 9781094653648

Auto-édition du livre : www.wibibook.com

Violette Nouailhac

Malice & Stratégie !

Montez votre boutique en ligne de façon bien pensée et attractive… Étape par étape !

SOMMAIRE

REMERCIEMENTS

D'abord, Brune, je te remercie pour ton soutien énorme. Pour tes relectures à la fois immédiates et ultraprécises… et pour le fait que dans la vie tu t'en blc. (désolée, je lui case une private joke, ça fait plus personnel quand même). C'est bien grâce à ton enthousiasme que ce livre ose voir le jour aujourd'hui !! Merci.
Gizelle, merci pour ces séances de travail qui, avouons-le, n'étaient que du plaisir ! Et ce n'est pas fini !!
Un IMMENSE merci aussi à mes précieuses potes : Alice, Élodie, Gwendo, Laurine, Magali, Nadège, Pauline, Jennifer, Jessica, Rosa, Sélima, Sophie C., Sophie F et Sophie P : les filles, vous êtes un puits sans fond d'amour et de générosité, chacune de vous est un diamant rose multicolore paillettes aux milles facettes et sans vous, ma vie aurait tellement moins de saveur…
Enfin, mon Soni, je ne saurais dire tout ce que tu m'as engagée à entreprendre au fil des ans avec ton esprit génialement créatif, et ton regard bienveillant, mais la vente en ligne en fait partie et ce livre aussi… (et nos enfants aussiii !) Alors, merci.

INTRODUCTION

Cher lecteur. Que vous n'ayez pas encore de boutique en ligne, ou que vous en ayez une qui ne décolle pas : vous trouverez ici une mine d'informations qui pourront vous aider à poser des fondements solides pour ouvrir votre première e-boutique ou améliorer vos performances actuelles.

Ce livre part du principe que vous avez déjà des articles à vendre, car il ne s'agit pas ici de vous aider à trouver une idée de business en ligne. Si vous n'avez pas encore d'idée de quoi vendre en ligne, vous trouverez d'autres tutoriels sur internet ; tout le contenu du livre que vous tenez entre vos mains sera là pour vous, dès que vous aurez pu déterminer ce que vous voulez vendre.

J'ai eu une boutique en ligne pendant plusieurs années. Vous découvrirez mon parcours dans ce manuel ; je vous enseignerai tout ce que j'ai appris au fil de mon expérience, de mes succès et de mes erreurs.
La méthodologie de ce livre est basée sur l'expression : « FAIT est mieux que PARFAIT ». Ainsi, plus qu'une simple méthode, ce livre est un état d'esprit à acquérir et une nouvelle façon de voir les choses, et c'est très important. Car pour ouvrir une boutique en ligne qui marche, il va falloir faire des tas de choses. Des tas de choses très différentes, qui requièrent des aptitudes qui vous manqueront parfois, qui nous manquent à tous. Et il faudra tout de même les faire. Il faudra mettre de côté votre côté perfec-

tionniste qui vous a beaucoup freiné-e jusqu'ici. Il faudra faire des choses imparfaites, et accepter d'avancer avec quelques défauts plutôt que de stagner en cherchant la perfection. Certains d'entre vous sont tellement exigeants que cela vous bloque, car il n'est pas question pour vous d'agir maladroitement ; et cela mène à la procrastination, et donc à l'inaction. La procrastination, c'est dramatique. Car cinq ans plus tard, le projet n'est toujours pas né, car il n'aurait pas été parfait ! Voyez comme c'est important d'agir, même si l'on doute : cinq ans après avoir agi, on a une boutique en ligne qui marche, du succès et beaucoup de bonheur ! Alors courage, affrontez votre dragon perfectionniste si vous en avez un, acceptez de vous lancer même dans ce que vous ne savez pas faire : vous verrez que le jeu en vaut la chandelle.

Pour vous transmettre le meilleur de mes techniques, je vous propose donc un format en 30 jours, avec un pas-à-pas pour apprendre et avancer de façon très pragmatique.

All good, pour vous ? Alors, on y va.

Jour 1

DEUX NOTIONS SUPER IMPORTANTES À CONNAÎTRE

Pour commencer, j'aimerais vous transmettre des choses très importantes qui servent un peu de structure à ce manuel. Ces deux piliers, que je vais vous énoncer, sont au cœur de tout ce qui va suivre. Je vous encourage à relire ce petit chapitre de temps en temps au cours de votre lecture, pour en être bien imprégné.

La première chose très importante, c'est qu'avec la plus belle boutique, les plus beaux articles et le plus gros travail de référencement, vous ne ferez pas suffisamment de ventes les premiers mois pour en vivre. Votre boutique en ligne peut relativement rapidement vous rapporter un petit revenu complémentaire, puis un revenu confortable puis un revenu majeur. Mais tout cela va prendre du temps et il va falloir être patient.

La plus grande erreur des personnes qui se lancent sur le web, c'est de se décourager au bout de quelques mois. C'est dommage, car plusieurs mois écoulés avec une boutique ouverte et des articles en ligne, c'est déjà un référencement organique en cours d'ancrage sur le web, un élément très précieux pour vos ventes. Chaque mois d'existence participe de votre succès futur, même si vous ne le voyez pas au début. Les gros revenus sont plus faciles à engendrer quand on a une base de clients fidèles qui achètent régulièrement parce qu'ils aiment vraiment beaucoup nos produits et qu'ils nous font confiance. Et ce petit noyau indispensable de clients fidèles et heureux est long à constituer.

Ce que j'essaie de vous dire, c'est que les premiers mois vont être du labeur, les premiers résultats pourront sembler être décevants, les revenus ne viendront pas tout de suite et cela pourra parfois vous décourager.

Par contre, si vous avez en tête que votre boutique en ligne marchera sur le long terme, alors vos efforts seront moins pénibles et vous aurez une vision plus juste de ce qui va se passer. Ainsi, voyez cette boutique en ligne comme un investissement pour vos revenus futurs et plantez chaque jour les graines de profits sur les années à venir.

La deuxième chose que je dois vous expliquer en ce début de manuel concerne les finances. En fait, l'immense majorité d'entre vous se trompe sur une notion financière essentielle : vous êtes nombreux à penser qu'en investissant beaucoup d'argent sur un projet, le retour sur investissement sera proportionnel. C'est une grave erreur, très répandue dans nos sociétés capitalistes. Il n'y a en réalité pas de logique de rendement par rapport à un investissement.

Si l'investissement est mal pensé, vous pourrez continuer à injecter du cash dans un projet qui continuera d'être un désastre complet. Alors, voilà le fond de ma pensée (que Robert Kiyosaki explique beaucoup mieux que moi dans son livre « Père Riche, Père Pauvre » sur les finances personnelles) : lorsque vous lancez votre marque, ne faites pas l'erreur d'investir vos éventuels sous de côté dans des salons très coûteux (comme le salon Maison & Objet, le Who's Next ou Klin d'Œil).
N'investissez pas dans un template à 30 euros par mois alors que vous ne dégagez pas encore de revenus ;

n'allouez pas des sommes importantes dans diverses cartes de visite, catalogues et autres boîtes gravées prestigieuses pour vos articles, tant que les revenus ne sont pas au rendez-vous. Cette poudre aux yeux creusera votre déficit, et ce n'est pas ça qui vous fera gagner de l'argent.

Dans un de ses podcasts, Tony Robbins, coach mondialement reconnu, raconte comment une girl scout de San Francisco a pu devenir la meilleure vendeuse de cookies de toute l'histoire des girl scouts aux USA : elle se postait simplement... devant une échoppe de cannabis. Les consommateurs de cannabis ont tendance à avoir des fringales et cette girl scout a trouvé une idée incroyable pour décupler ses revenus ! Ainsi, pour développer votre boutique en ligne, soyez cette girl scout !!! (Et ne déformez pas mes propos, il ne s'agit pas ici de weed !) Mais soyez cette girl scout et pensez en dehors des sentiers battus.
Ne dilapidez pas vos précieux deniers dans de la poudre aux yeux, mais travaillez de façon constante et réfléchie, avec stratégie, et avancez un pas à la fois. Vous y arriverez.
Aujourd'hui vous avez déjà découvert deux notions très importantes pour la suite ! Alors, félicitations pour ce premier pas, et demain on entre dans le vif du sujet.

Jour 2

CHOISIR L'EMPLACEMENT DE SA BOUTIQUE EN LIGNE

Temps : 1h30.

Le premier pas quand on veut ouvrir sa boutique en ligne, c'est de décider vers quel template, logiciel ou plateforme se tourner... Il y a beaucoup de possibilités, qui offrent toutes des atouts, qui ont toutes des conditions d'utilisation différentes et des services plus ou moins poussés. L'objectif d'aujourd'hui c'est de prendre une décision quant à la boutique que vous allez ouvrir. N'ayez pas peur de vous tromper : c'est plutôt le manque de décision qui nous bloque tous, tandis que les décisions et les erreurs nous font avancer ! Pour choisir votre boutique en ligne, moi, j'ai une piste de réflexion à vous soumettre.

De mon point de vue, n'hésitez pas pendant un an entre ouvrir une boutique sur une plateforme de créateurs, une plateforme de vendeurs ou encore un logiciel du genre de Prestashop, Magento, Woocommerce, Wix ou Shopify, SquareSpace ou autre. Pour faire des ventes, voici ce qu'il faut :
— du trafic
— un référencement intelligent
— des coûts très faibles de mis en ligne

— des taxes très faibles sur les ventes pour maximiser les profits.

Etsy est une plateforme qui propose actuellement tout cela, et dans les conditions actuelles, je vous conseillerai sans équivoque de foncer faire votre shop sur Etsy — la seule condition étant : soit d'avoir conçu soi-même, soit de fabriquer soi-même, soit de vendre du vintage.

Si vous voulez revendre des articles conçus et fabriqués par d'autres entreprises, Etsy n'est pas une option pour vous et il faudra quoiqu'il arrive vous tourner vers les autres logiciels et plateformes. Dans ce cas-là, je vous propose de consulter sur internet les comparateurs de solutions d'e-commerce, qui vous permettront de voir ce qui est le plus adapté à votre cas. Par exemple, les systèmes les plus simplifiés et les plus faciles à manipuler, si vous êtes un novice, seront bien pour vous — mais ils auront le désavantage de proposer moins de fonctionnalités que des systèmes plus complexes, et plus longs à mettre en route.
Par ailleurs, le choix d'un logiciel de boutique en ligne se fera en fonction de vos besoins (nombre d'articles à vendre, nombre de catégories, vente internationale ou locale, etc.), en fonction de l'ampleur de votre projet, et en fonction du budget que vous avez à votre disposition. Là, c'est à vous de vous renseigner et de décider en fonction de tous ces critères : il n'y a pas de solution pré-existante pour n'importe quelle forme de boutique, il n'y a que du sur-mesure…

Si par contre, vous faites vos objets vous-même, ou que vous les avez conçus et fait fabriquer par d'autres, vous pourrez passer par Etsy. C'est une plateforme qui vous permet d'ouvrir une boutique gratuitement, sans acheter de nom de domaine. Seule la mise en ligne des articles est payante (20 centimes par article seulement). Il y a 5 % de

prélèvements sur le montant des ventes et sur les frais de port. C'est actuellement la formule la moins coûteuse de tout le marché !
Ajoutez à cela un fonctionnement interne qui permet une visibilité massive auprès de réels acheteurs potentiels et à moindre coût... De mon expérience personnelle, je vendais huit fois plus d'articles sur Etsy qu'en dehors. Ça laisse à réfléchir, non ? Vous aurez dans Etsy des tas d'outils internes pour vous aider à vendre ; je ne vais pas m'étendre sur le sujet ici, mais pour tout ce que j'ai déjà énuméré, c'est la solution de vente en ligne actuelle pour un créateur ou une petite marque. Depuis l'entrée en bourse d'Etsy l'année dernière, il y a eu beaucoup de changements dans le fonctionnement ainsi qu'une hausse des prélèvements. Je ne sais pas quelles seront les conditions d'utilisation dans deux ans ; je ne peux pas garantir que ce soit toujours la formule la plus compétitive d'ici là. Mais je vous garantis à 100 % qu'actuellement, vous ne pouvez pas vous tromper si vous ouvrez votre boutique sur cette plateforme.
C'est un très bel investissement de votre temps et vous verrez que les ventes seront d'autant plus au rendez-vous qu'avec n'importe quelle autre boutique en ligne. Malgré tous ces immenses avantages, les créatrices parisiennes m'ont toujours dit, et de façon unanime, qu'il fallait que je me fasse un site marchand en dehors d'Etsy pour « faire plus pro ».
Je ne connais pas votre définition personnelle de « faire pro », car je pense que chacun a la sienne. Mais ma définition à moi est simple : tu « fais pro » si tu es rentable et que ton chiffre d'affaires explose !! Avoir un site marchand très « pro », parfaitement joli, mais que personne ne visite et qui ne vend pas, cela n'a aucun sens... Mais le choix de la boutique en ligne appartient à chacun, c'est entendu. D'ailleurs, les créatrices qui me conseillaient de me faire un site en dehors d'Etsy avaient toutes en commun de ne pas faire d'affaires et de très peu gagner d'argent avec leur ac-

tivité de créatrice online. Elles se fiaient toutes à leur instinct et à leur vision dépassée du marketing.

Moi, je ne me suis pas basée sur mon instinct : je me suis basée sur les connaissances que j'ai acquises en travaillant plusieurs années avec des spécialistes du référencement, en faisant des formations en marketing web, en communication, en réseaux sociaux et en comparant toutes les plateformes de vente. Et en faisant tout ça, je vous assure que le choix portant sur Etsy est un choix rigoureux, logique et stratégique.
J'ai conseillé à de nombreuses connaissances de passer par cette plateforme, et elles ont souvent décliné mes encouragements ; grand bien leur fasse... leurs ventes oscillent la plupart du temps entre peu et pas du tout, quel dommage ! Car sur Etsy, soyez-en sûr : avec mes conseils, vous aurez du trafic de gens du monde entier, vos frais seront très peu élevés et vos capacités de développement seront démultipliées ! Cela étant dit, et pour conclure cette première journée basée sur le choix de votre boutique en ligne : quelle que soit la boutique, la plateforme ou la formule que vous choisissez, pas d'inquiétude : ce livre saura vous donner les recettes d'un référencement sain, organique et durable et surtout des enseignements importants pour faire des ventes !
Alors, vous avez lu mes conseils et vous avez regardé et comparé les différentes possibilités qui s'offrent à vous... Décidez où héberger votre e-boutique d'ici demain, pour qu'on puisse vite passer à l'action. Et, avant de fermer ce livre pour aujourd'hui, bravo de vous lancer dans l'aventure... Demain, on passe aux choses croustillantes.

Jour 3

TROUVER LE NOM DE LA BOUTIQUE

Temps : 1h

Aujourd'hui, je vous propose de commencer par le commencement, et de trouver le nom de votre boutique. Pour ceux d'entre-vous qui l'auraient déjà défini, aujourd'hui est un jour de prélassement total et d'oisiveté absolue ; vous reviendrez demain pour la suite du boulot.

Que cela ne vous empêche pas de lire ce chapitre quand même, des fois que vous y trouviez une petite astuce ou deux pour perfectionner encore plus le nom que vous avez trouvé ! Pour les autres, vous n'avez pas encore de nom de boutique, c'est une galère parce que la pression vous bloque. Vous pensez peut-être, comme la majorité des gens, que trouver un nom de boutique est une décision lourde de conséquences, et qu'il vous faudra déployer beaucoup d'énergie et de réflexion pour trouver l'exact nom parfait pour permettre à votre boutique d'accéder au succès.

Et je me dois de vous rassurer immédiatement : c'est une erreur de penser cela. Le nom de votre boutique n'est pas important du tout. Non je vous assure, et ce n'est pas de l'ironie ! Si le nom peut s'avérer difficile à trouver, c'est parce qu'on ne sait pas toujours comment se positionner, quelles qualités mettre en avant au travers de sa boutique. Ne vous mettez pas la pression et ôtez-vous de la tête tout

stress par rapport à ce fameux nom : cela vous freinera trop et ça n'en vaut pas la peine.
Pour simplifier mon propos, je vous dirai ceci : contrairement à ce que vous pensez certainement en ce moment, le nom de votre boutique pourra évoluer et changer plus tard sans aucune conséquence sur votre clientèle. D'ailleurs, vous avez déjà peut-être reçu une notication Facebook vous informant qu'une page que vous suiviez changeait de nom : et cela ne vous a sans doute pas du tout contrarié. Cela est plutôt passé inaperçu, car une boutique qui change de nom est courant, et personne n'en tient rigueur. Il suffit d'en informer ses clients avec gentillesse au travers d'un email, et tout se passe bien.

Par ailleurs, il est très important de noter que perdre des mois pour définir son identité de boutique (que ce soit son nom de boutique, son logo ou son identité visuelle) est totalement contre-productif. En effet, ce n'est pas le nom, le logo ou les couleurs de votre boutique qui vont vous faire gagner de l'argent. En fait, cette phase de recherche est une phase d'inactivité économique qui ne vous rapporte rien, et qui ne doit pas durer longtemps. Ce qui va vous faire gagner de l'argent, c'est de proposer à la vente des articles sympa et à leur juste prix : donc surtout, ne perdrez pas de temps avec le nom de votre boutique ! Voilà, ça c'était mon petit laïus sur l'état d'esprit zen à adopter. You can do it !

Pas d'inquiétude, je vous donne des tuyaux tout de suite pour trouver votre nom parfait.
Au niveau de la méthode, pour trouver votre nom de boutique rapidement et en étant efficace : bloquez-vous une heure de travail. Dites-vous qu'à l'issue de cette heure, le nom sera trouvé. Ça vous évitera de procrastiner et de compliquer la pensée. Pour trouver un nom, vous pouvez utiliser votre nom ou prénom à vous, inventer un mot ou inventer un ensemble de mots pour créer un univers nou-

veau (comme l'Albatros Tricote, par exemple, pour exprimer l'esprit de la mer et votre domaine de création).
Faites une liste la plus longue possible de suggestions, rayez ce qui ne vous plaît pas, mettez ensemble des sonorités qui vous parlent, notez des adjectifs qui vous définissent et des synonymes jusqu'à obtenir en moins d'une heure, une sélection de deux ou trois noms qui vous conviennent.

Avant de vous arrêter sur le nom définitif, n'oubliez pas de le taper dans la barre de recherche Google.
Vous vérifierez ainsi, dans les résultats qui s'affichent, qu'il n'y a pas de marque similaire avec le même nom, ou qu'il n'y a pas un site web avec le même nom ou un nom approchant qui pourrait porter préjudice à l'image de votre boutique, comme un site dédié à la drogue ou à la violence, par exemple. Cela est d'autant plus vrai si vous inventez un nom au hasard (dans Google vous pourrez ainsi vérifier qu'il ne signifie pas quelque chose de spécial dans une langue étrangère). Dernier petit point concernant le nom de votre marque, et il s'agit d'un petit plus et pas d'une obligation pour tout le monde. Mais sachez que pour la suite de votre aventure avec votre marque, il se peut que votre boutique soit amenée à apparaître dans des listes de boutiques ou de marques : annuaires de marchés de créateurs, liste des créateurs sur un site plurimarques, annuaires à la fin d'un magazine, etc. Donc, dans cette optique : sachez qu'une boutique qui commence par les premières lettres de l'alphabet apparaîtra en haut de liste, et sera ainsi plus visitée que des boutiques de fin de liste. Même si cela ne doit pas entièrement définir votre nom de boutique, cela peut être un critère qui vous aide à choisir votre nom final.

Voilà, vous avez trouvé un nom qui vous plaît, et vous avez vérifié qu'il est disponible sur Google. Bravo !!! C'est une petite étape, mais qui donne confiance en soi et qui motive

pour la suite ! Vous allez pouvoir vous projeter d'ici demain dans cette nouvelle identité, ce nouveau « vous ».
Et demain on attaque les aspects un peu plus administratifs... D'ici là reposez-vous bien, c'est mérité !

Jour 4

STATUT

Temps : 30 à 45 minutes

Voilà, aujourd'hui c'est un tout petit peu chiant, mais dans une heure quand ça sera fait, vous serez là : « waoh, I am sooo getting shit done today!!! » (ça veut dire, purée, aujourd'hui je fais les trucs chiants comme un-e boss !) donc, heads up, on y va. Donc, une mission qui vous permettra d'avoir l'esprit tranquille dès le début : déclarer votre statut d'auto-entrepreneur.

Oui, je pars du principe que vous allez prendre un statut d'auto-entrepreneur, c'est actuellement ce qui fait le plus sens par rapport à l'ouverture d'une boutique en ligne, après, libre à vous d'ouvrir une société, mais c'est un tout petit peu risqué non ? Après, c'est chacun !

Vous faites absolument comme vous voulez, vous prenez le statut que vous voulez, mais vous êtes obligé d'avoir un statut pour vendre de la marchandise ou un service, ça c'est sûr. L'auto-entreprenariat est actuellement la formule la plus simple, la moins coûteuse, qui ne vous engage à rien contrairement à une entreprise, même si la TVA n'est pas déductible, oui oui oui je sais, prenez ce statut ou alors faites comme vous pensez. Pour moi c'est celui-là qui est le plus efficient, mais chacun fait en fonction de ce qui l'arrange, d'accord ?

Donc, maintenant que je vous ai dit ce que je pensais des statuts, je vous propose de vous rendre de suite sur la page https://www.afecreation.fr/pid14980/ou-et-comment-s-inscrire.html et de vous y mettre, car plus vite c'est fait, et plus vite vous serez débarrassé-e ! C'est toujours un poil repoussant leurs papiers jaunes et vert difficiles à lire et à remplir, et il est possible que ça soit voulu de la part de l'administration de compliquer toutes ces démarches... mais soulagement de fin, quand le mail de confirmation de création du compte en cours arrive sur votre boîte mail et que vous pouvez déboucher une petite fraîche pour l'apéro ! Quelle belle journée pour la productivité.
Pour résumer : aujourd'hui, votre statut d'auto entrepreneur est en cours de création, donc tout roule comme sur des roulettes. Un peu de repos s'impose ! Jusqu'à demain seulement, pour la suite évidemment.

Jour 5

LA BANQUE, OUVRIR UN COMPTE (ET L'ARNAQUE RÉCURRENTE DU COMPTE PROFESSIONNEL)

Temps : 30 minutes

La loi de financement de la sécurité sociale pour 2015 a défini l'obligation d'avoir un compte bancaire dédié à votre activité d'auto-entrepreneur. En effet, il est dorénavant légalement imposé d'avoir un compte d'activité séparé de vos autres comptes personnels, afin d'en faciliter la comptabilité. Et la banque ne va pas se priver de vous en parler : elles vont même, pour la plupart, vous contraindre à ouvrir un compte professionnel dédié, en brandissant devant vous la menace d'être hors la loi si vous refusez. Ce que les banques ne veulent pas dire, c'est que l'ouverture d'un simple compte courant est tout à fait suffisant : votre compte dédié n'a en aucun cas besoin d'être un compte professionnel. Et méfiez-vous : votre banque risque d'insister grandement, et on peut les comprendre : les frais prélevés sur les comptes professionnels sont gargantuesques et constituent pour eux un revenu important ! Vous retrouverez l'information sur ce site-là par exemple : https://www.legalstart.fr/fiches-pratiques/autoentrepreneur/compte-bancaire-autoentrepreneur/ et sur bien d'autres sites encore. N'hésitez pas à imprimer le document pour le montrer à votre banquier s'il est trop réticent à vous ouvrir un compte courant habituel pour votre activité.

J'ai rencontré le cas d'une créatrice qui avait été contrainte d'ouvrir un compte professionnel par sa banque, et dont les prélèvements mensuels étaient beaucoup trop élevés pour ses petits revenus. Si vous êtes dans ce cas, je vous invite à voir cela avec votre banquier, en lui envoyant le lien mentionné plus haut.
S'il résiste, rédigez un courrier recommandé avec accusé de réception, en spécifiant ceci : contrairement à ce qui vous a été dit en entretien dans leurs locaux par tel employé de la banque, l'ouverture d'un compte est obligatoire, mais il n'est aucunement indiqué l'obligation légale que le compte dédié soit un compte professionnel, et qu'un simple compte courant est tout à fait suffisant (en ajoutant une note de référence vers un texte sur internet qui appuie votre argumentaire). À ce titre, mettez en demeure la banque de clôturer immédiatement votre compte professionnel, dès lors qu'il n'y a pas de prélèvements automatiques dessus, et réclamez l'ouverture d'un compte courant à la place. En général, une mise en demeure reçue par recommandé avec accusé de réception est traitée rapidement. Vous pouvez opter pour les démarches habituelles de clôture de compte, mais elles risquent de prendre plusieurs mois pendant lesquels vous serez débité inutilement ; mais cela reste une option. Mais en tout cas aujourd'hui, la mission était de s'occuper d'ouvrir un compte courant pour votre activité d'auto-entrepreneur, et ce soir c'est fait donc vous ne pouvez que vous en féliciter ! Cela constitue une base importante pour la suite. Prenez à minima la carte bleue liée au compte : c'est par ce biais en général que vous pourrez toucher les revenus issus de votre boutique en ligne.

Jour 6

VOTRE LOGO

Temps : 30 minutes.

Une mission créative vous attend aujourd'hui, et je suis sûre que vous vous en réjouissez, car si vous montez une boutique en ligne, vous êtes peut-être un peu créatif !
Alors aujourd'hui c'est vraiment cool, car je vais vous transmettre une information très importante, mais que vous n'avez pas du tout l'habitude d'entendre. Cela va vous demander de vous ouvrir l'esprit à la nouveauté, et de vous dire que si je vous en parle, et que moi j'ai réussi alors peut-être que ça va valoir le coup de me croire. Vous allez être sceptique au début, mais vous verrez que ça en vaut la peine. Vous êtes prêt ? Alors. Voilà l'info : votre logo n'est pas important. Je sais, ça va à l'encontre de ce que vous pensez en ce moment. Vous vous dites que votre logo doit refléter vos valeurs et ce que vous vendez, et tout l'esprit de votre atelier, et que, et que... STOP.
Je sais. Je le sais, croyez-moi, je le sais.
Je suis graphiste depuis 15 ans et je sais combien la communication visuelle compte. J'ai fait des identités visuelles de projets qui ont remporté des prix très importants. J'ai aussi beaucoup fait de documents pour mon activité à moi, j'ai créé ma boutique Etsy et vendu des milliers d'articles dans le monde entier. En définitive, je vous le dis et vous pouvez me croire : votre logo pourra évoluer plus tard.

Tout comme votre nom de boutique, créer un logo n'est pas source de revenu en soi ; cela va vous prendre du temps et ne rien vous rapporter. Il est donc important d'enlever la pression autour de la création du logo, de le faire une bonne fois pour toutes, et de passer à autre chose. Vous pourrez bien entendu y revenir plus tard si cette version d'origine ne vous plait pas à 100 %. Et j'ai autre chose de très important à vous dire. Si vous pensiez faire appel à un graphiste pour votre logo, je vous l'interdis. Non, c'est hors de question, vraiment ! Pourquoi ? Parce que votre boutique va mettre un peu de temps à démarrer ; parce que pendant ce temps-là, vos revenus seront incertains. Il est donc crucial de ne pas dépenser pour votre boutique pour le moment, et de passer massivement à l'action pour provoquer des ventes sur le long terme. Gardez vos éventuels sous de côtés pour d'autres choses que nous verrons plus tard, comme les campagnes Google. Et faites votre logo vous-même. C'est une obligation. Ne vous inquiétez pas, j'ai une super méthode pour vous aider ! La voilà :

MÉTHODE POUR FAIRE SON LOGO SANS STRESS

Voici ce que je vous propose pour créer votre logo : vous allez écrire votre logo à la main, puis le photographier, et voilà, votre logo sera prêt à être utilisé pour votre boutique Etsy.

Je vous propose donc un petit atelier de 30 minutes (ou moins !). Attrapez du papier machine (blanc, tout simple) et quelques stylos et crayons ou joli feutre, et gomme. Un logo ne veut pas forcément dire un joli dessin à esperluettes et petits papillons ; je vous conseille les mots tout simples, juste les mots qui composent le nom de votre future boutique.

Écrivez plusieurs fois à la main le nom : d'abord en attaché, puis en lettres capitales, avec un stylo fin et avec un stylo plus épais. Voyez si vous préférez ce nom sur une ligne ou

sur deux lignes. Évitez les espèces de fantaisies à spirales et petites boules décoratives, c'est ringard. Faites tout simple : de cette façon, vous ne prendrez pas le risque que ça soit démodé. Voilà, vous pouvez prendre une photo la plus lumineuse possible avec votre téléphone, et c'est réglé. Bravo ! Votre logo est top !!!
Le travail à la main ne vous convient pas ? Vous connaissez la police d'ordinateur qui s'appelle Arial ? Elle est parfaite. Elle est simple et cool, et elle fonctionne aussi bien en minuscule qu'en majuscule. Donc si vous n'y arrivez pas à la main, faites le nom de votre boutique en Arial ou ce qui vous chante, dans n'importe quel logiciel de texte comme Word ou Text Edit, et exportez le document en JPEG. Voilà !! Votre logo est prêt !!! Bravo, vous êtes un chef.

Pour ceux qui diraient que la police Arial est nulle : sachez que, en tant que graphiste, j'ai entendu ça toute ma vie ! Alors vous savez ce que j'ai fait ? J'ai superposé en transparence la police Arial, qui a mauvaise presse auprès des graphistes, et la police Helvetica, grande classique des typographies suisses bien dessinées. Je me devais de comprendre leurs différences, et bien sachez qu'il y a 4 différences seulement entre ces deux polices, et que ce sont des différences minimes. Alors que vous utilisiez l'une ou l'autre, vous ne pourrez pas vous tromper et votre logo sera forcément bien ! Il sera lisible, ce qui est l'atout numéro 1 des logos.

RÉSULTAT

Votre logo est prêt et il est magnifique ! Justement, ça tombe bien, car nous en aurons besoin demain lors de l'ouverture de votre boutique Etsy. Mais avant ça, vous méritez un peu de repos et d'auto-congratulation ! Félicitations encore pour ce beau logo !!! Je vous trouve particulièrement génial. Et à demain !

Jour 7

OUVERTURE DE VOTRE BOUTIQUE (MISSION TRÈS COOL !!!)

Temps : 1h

(C'est probablement, si vous suivez mes conseils, le début d'une aventure géniale !)
Je vous ai expliqué dans l'introduction pourquoi, selon moi, Etsy s'impose comme la solution la plus stratégique pour monter votre activité de créateur-trice en ligne.
Que vous ayez choisi Etsy ou une autre plateforme ou un template, on va le faire aujourd'hui. Je vais détailler ci-dessous pour l'ouverture d'une boutique Etsy, mais bien sûr l'ouverture de boutique sur d'autres plateformes ou templates sera assez approchante, et en tout cas suffisamment intuitive pour que vous puissiez y arriver sans trop de difficultés. Okay alors maintenant que tout est dit, on y va : rendons-nous sur www.etsy.com pour ouvrir votre boutique (ou sur Wix, Shopify, Amazon, BigCartel, SquareSpace, Wordpress etc...).

Cliquez sur « Vendre sur Etsy » puis « Ouvrir votre boutique », la suite est très bien guidée donc suivez les étapes, tout ça. Il sera question de mettre le nom de vote boutique, et d'entrer les données vous concernant : carte bleue (pour payer vos frais et encaisser les revenus), votre profil de vendeur avec votre biographie et votre photo, le logo de votre marque créé avec beaucoup de talent par vous... Laissez-vous guider.

Comme d'habitude, faites simple et rapide et vous pourrez revenir dessus plus tard. Dans cet objectif qui nous guide, qui est d'agir plutôt que de réfléchir, on essaiera de faire le maximum en moins de temps possible. C'est vraiment bien que vous fassiez ça aujourd'hui ! C'est un très bon point de départ. Faites le max aujourd'hui, avancez et voyez les semaines suivantes comment améliorer. Voilà : je ne peux que vous féliciter pour ce cap franchi aujourd'hui !
Voilà. Hourra !!! Votre BOUTIQUE EST EN LIGNE !!!!!!!!
Aaaaaah, cela mérite bien un petit repos, avant de réattaquer demain ! En plus demain, trop top, on va faire de la photo. Mais à la cool, comme d'habitude ! Alors je vous souhaite une bonne nuit, et... bravo, encore !

Jour 8

MISSION CRÉATIVE : SÉANCE PHOTO

Temps : 25 min de photo + 5 min de sélection

Aujourd'hui, vous allez faire une séance photo des articles que vous voulez mettre en ligne : comme ça on pourra mettre en ligne un premier article très bientôt, genre : demain !
J'en ai plus que marre de tous les conseils pour les boutiques qu'on trouve sur internet, et qui disent « il faut de belles photos » ! C'est incroyable de dire ça, bien sûr qu'il faut de belles photos ! Mais ce que vous voulez vraiment savoir, c'est comment on fait pour avoir de belles photos, n'est-ce pas ? Eh bien, facile. Quel que soit votre niveau en photographie, il vous suffit de prendre les photos les plus lumineuses possible.

Après, seule l'expérience pourra vous permettre de vous améliorer avec le temps ; mais faire une photo la plus lumineuse possible est réellement un point de départ parfait ! D'ailleurs, votre smartphone suffit pour faire des photos cool ! Et l'immense majorité d'entre-vous possède un smartphone.
Je vous vois venir, aussi : ah non, ne commencez pas avec votre dragon perfectionniste, ce n'est pas la peine de faire appel à un pote photographe pour prendre vos photos à votre place ; ou ce n'est pas non plus la peine d'attendre

que votre voisine rentre de vacances dans 15 jours pour lui demander son appareil Reflex ! Ça suffit : fermez le caquet à votre dragon perfectionniste et attrapez votre smartphone qui fera bien le travail ! Vraiment. Non, je ne suis pas une nana « cheap », non. Mais je vous pousse à l'action. Si vous freinez chaque action sous prétexte de vouloir faire mieux, on en reparle l'année prochaine quand votre boutique ne sera pas encore en ligne ! D'autant que, une année de perdue c'est un an de référencement naturel qui n'a pas pu démarrer... Donc ça peut paraître cheap, mais j'assume à 100 % le côté ACTION de mon livre. Jetez-vous à l'eau, prenez des risques : il n'y a que comme ça que vous pourrez retirer des bénéfices de votre expérience ! Ci-dessous, je développe une méthode simple pour faire des photos de vos articles.

MÉTHODE

Pour commencer, je vous suggère de prendre en photo l'un de vos articles sur un fond clair. Par exemple, sur une feuille blanche (petit objet), sur le carrelage blanc de la cuisine, ou un drap blanc posé sur votre lit ou au sol (pour les articles plus gros). Installez-vous dans la pièce la plus lumineuse de votre chez-vous. Pendant cette séance photo, vous allez photographier plusieurs articles, pour vous faire une petite bibliothèque de visuels. Donc, sur un fond blanc (papier ou drap ou ce que vous voulez), commencez par photographier les articles, en gros plan puis d'un peu plus loin. Photographiez les articles sous plusieurs angles, de plusieurs côtés. Au bout de 15 minutes, vous avez déjà fait quelques photos : je vous encourage à prolonger la séance, si ça vous le fait, en changeant de support pour vos objets et en les photographiant sur votre parquet par exemple, ou sur votre tapis, ou sur un joli plaid, toujours en faisant simple. Simple, simple et simple.

RÉSULTAT

Triez en cinq minutes vos photos : jetez les photos ratées. Gardez les photos qui vous serviront pour la mise en ligne : une ou deux photos sur fond blanc, une ou deux photos sur fond coloré pour chaque objet. Le reste : poubelle. Et voilà !!!! Bravo, votre première séance photo est finie. C'est top, parce que c'est encore un sacré morceau de boulot accompli ! Vous pouvez donc vous féliciter pour cette nouvelle phase productive. Ça mérite bien... un peu de repos avant la suite ! Bravo, vous êtes merveilleux-se !

Jour 9

PREMIÈRE MISE EN LIGNE D'ARTICLE

Temps : 35 min

Après le dur labeur des derniers jours (... vous avez vraiment été fantastique !!!), aujourd'hui va encore être une étape cruciale parce qu'on va mettre en ligne un premier article dans votre boutique. Donc c'est un peu le début du vrai « game ». En un mot, ça devient sérieux. Alors, rendez-vous tout de suite sur votre nouvelle boutique en ligne. Et voici ce qu'il faut faire.

D'abord un article va exister sur internet s'il a deux choses : une photo, et un descriptif. Cliquez donc sur « créer une fiche produit », et téléchargez la photo du premier article à mettre en ligne. Dessous, on vous demande un descriptif : faites simple.

Prenons rapidement l'exemple d'un sac. Si je vous dis « un sac », vous ne pouvez pas savoir à quoi il ressemble. Il va falloir que je vous précise : un sac tout simple en toile ivoire, de forme rectangulaire, avec deux anses à porter à l'épaule. Très pratique pour ranger ses courses, ou pour aller se promener, car ce sac est très résistant et peut contenir beaucoup. En plus, c'est un style de sac très à la mode, qui donne un côté assez bohème. Le design imprimé dessus est un graphisme dans les tons roses, et il existe aussi en bleu et en mauve (voir les autres photos).

En voici les caractéristiques techniques :
« Format 42 x 38 cm (tote bag standard) Anses 65 cm
Matière 100 % coton, couleur ivoire
Grammage du tissu : 140gr
Capacité : 10 litres.
Impression à la main dans nos ateliers à Paris, avec des encres respectueuses de l'environnement. »

Voilà, ça c'est un exemple de descriptif. Vous le savez peut-être, mais les moteurs de recherche aiment bien quand il y a un paragraphe de texte : cela aidera votre article à être mieux référencé. Et vos clients potentiels, eux, aiment avoir à la fois une petite histoire autour de l'article, et aussi les caractéristiques techniques, pour savoir exactement ce qu'ils achètent. Ainsi, dans votre descriptif, vous allez mettre les informations dont le client a besoin pour prendre sa décision d'achat. Mais plus important encore, vous allez vous protéger contre les clients mécontents de vos articles. Il faut que les dimensions de votre article soient bien spécifiées, car l'échelle de votre article n'est peut-être pas compréhensible sur la photo ; il faut aussi absolument décrire la couleur et les matériaux utilisés, l'épaisseur, les couleurs exactes, si ça passe en machine à laver... et toute autre info qui pourrait éviter à un client de se tromper au moment de l'achat. Ça évite aussi les clients de mauvaise foi, qui pourraient dire par exemple : « je trouve votre sac beaucoup plus petit que sur la photo » : mec, les dimensions sont affichées, n'abuse pas ! Je vous ai mis un exemple de descriptif que vous pouvez logiquement adapter à n'importe quelle sorte d'article, à vous de jouer !

COMMENT DÉFINIR LE PRIX DE MON ARTICLE ?

C'est très facile de définir le prix de son article : le prix est défini par le marché, c'est-à-dire par le jeu de l'offre et de la demande. Ainsi, à moins que vous n'inventiez un objet

nouveau qui sort complètement de tout ce que l'on connait (... c'est rare quand même...), et bien le même genre d'articles que les vôtres existent déjà, et le marché, ce jeu de l'offre et de la demande, a déjà fixé un prix pour ce type d'objet. Évidemment, vous ne pourrez pas prendre en compte les prix des mêmes articles distribués par des grandes chaînes de distribution. Mais passez un petit moment sur internet pour comparer les prix de ce qui existe et qui est fait par des créateurs comme vous, et mettez-vous dans le rang. À peu près, quoi. De toute façon, vous allez pouvoir tester les prix en réel : mettez un prix que vous pensez juste, et changez-le au bout d'un mois pour voir si cela influe sur les visites de votre site et sur les ventes.
Les visites et les ventes seront au rendez-vous lorsque vous taperez dans le prix psychologique des clients : il est donc crucial de tester plusieurs prix. Et je vous entends déjà me dire : « oui, mais si un client a acheté un article à cinquante euros le mois dernier, et quand il revient c'est à soixante euros, il y a un problème !! ». Eh bien non : vous décidez du prix de vos articles ; et, permettez-moi d'insister un peu : cette phase de test est tellement primordiale, que si vous ne le faites pas, vous risquez sérieusement de mettre en péril votre activité. C'est un conseil d'ami : je ne veux que votre bien !

J'ai plusieurs femmes créatrices dans mon entourage. La plupart m'ont dit à tour de rôle, un truc comme « je m'en fiche de gagner de l'argent avec mes créations — je veux juste que leur prix de vente couvre mes frais de fabrication. ». Alors, si vous pensez comme ça, c'est tout à fait respectable — l'argent n'est pas forcément une finalité, et parfois c'est le bonheur de créer et la beauté de le partager qui a de la valeur. Mais je voudrais vous soumettre un exemple de situation qui pourrait vous arriver, et vous proposer de vous projeter dans cette éventualité.

Alors, voilà. Imaginez que vous avez dix-sept articles en vente dans votre belle boutique Etsy. Dix-sept objets faits main, chacun une pièce unique, que vous avez adoré fabriquer. Imaginez que vous n'avez rien vendu pour le moment, car c'est de toute façon une activité complètement secondaire — vous avez votre travail de salarié en journée et cette boutique est vraiment un loisir. Et imaginez donc que, pour le prix de vente, vous avez mis un prix qui couvre à peu près le matériel de fabrication.
C'est alors que dans la nuit, un inconnu, quelque part en Chine, tombe sur votre boutique et adore ce que vous créez. Pour le partager avec ses amis, il poste l'un de vos articles sur le Facebook chinois. (C'est ce qui m'est arrivé, donc c'est juste super possible). Imaginez que dans les 2 heures qui suivent cette parution, vous dépassez les 5000 visites sur votre site (Yes !!! Incroyable et trop cool !!!!) et que quand vous vous réveillez, l'intégralité des 17 articles a été vendue dans la nuit.
Ouah, quel succès et quel bonheur, c'est dingue ! Et ça vous rendrait sûrement super heureux. Seulement voilà : ce qui vous attend ensuite, c'est d'empaqueter tous vos articles créés avec amour, tout protéger, tout préparer et expédier tout ça par la Poste. De retour à la maison, que vous reste-t-il ? Vous avez vendu tous vos articles, il ne vous en reste plus aucun — il faut donc repartir de zéro et créer à nouveau ; vous avez à peine gagné de quoi rembourser le matériel et vous ne faites aucun bénéfice sur toutes ces belles créations uniques.

Est-il possible pour vous d'imaginer que ça vous laisserait un peu démuni ? Que tout vendre, et passer plein de temps à tout empaqueter pour l'expédition sans gagner de sous dessus, pourrait être vraiment frustrant ? Que cela pourrait vous démotiver à créer de nouvelles choses, et vous dégoûter un peu de votre boutique ? Qu'en pensez-vous ? Ainsi, avant de définir le prix de vos articles, n'oubliez pas que c'est quand même important qu'il reste du bénéfice à la fin, pour encourager à continuer à créer.

COMMENT DÉFINIR LE PRIX DE L'EXPÉDITION DE MON ARTICLE ?

Il va falloir aussi paramétrer quelques détails un peu intimidants comme le prix de l'expédition. Pour paramétrer l'expédition selon la destination d'envoi à vos futurs clients, vous avez besoin de peser votre article et d'aller voir les tarifs postaux correspondants pour les envois vers la France, l'Europe et le Monde, soit en téléchargeant les tarifs de la Poste sur internet, soit en bureau de Poste. Soyez vigilants et paramétrez bien un tarif différent selon la zone d'expédition de vos articles, car le tarif entre France et Monde peut varier du simple au double. Je vous donne un exemple : pour un paquet plat (3 cm d'épaisseur max) de 500 grammes, le tarif actuel d'envoi par la Poste (en payant mes timbres en ligne, donc tarifs avantageux) est :
— pour la France : 5,28 €
— pour l'Europe : 10,40 € euros
— pour le Monde : 10,40 € euros.
Par ailleurs, prenez bien en compte ces autres sources de frais pour fixer votre tarif d'envoi : en partant du tarif de la Poste pour votre article, il ne faut pas oublier :
— 5 % de taxes Etsy (c'est nouveau, mais Etsy prend 5 % sur les frais d'envoi) + 20 % de charges à payer sur ce revenu pour votre statut d'auto-entrepreneur.
— 1,5 euros de matériel : enveloppe, papier bulle, boîte carton, papier de soie, scotch, stylo pour écrire l'adresse, feuilles de stickers + imprimante + cartouches d'encre pour imprimer vos timbres et la facture client, etc...
— 50 cts pour le carton de remerciement glissé dans le paquet avec un mot écrit à la main et vos coordonnées de boutique.

Voilà, si jamais vous pensez à autre chose... ajoutez-le encore aux frais de port. Mais sachez en tout cas, que les frais de port réels sont plus chers que les frais de la Poste seuls, et que si vous ne les prenez pas en compte, ces suppléments finiront par peser sur vos revenus, en les creusant tout simplement...

Je vous soumets une autre stratégie, qui est très pertinente pour favoriser les ventes : c'est d'offrir les frais de port bien sûr, vous vous en doutez !
La gratuité des frais de port est un excellent argument de vente, que ce soit vers la France ou à l'étranger. Je vous encourage tout de même à faire le calcul que je vous ai montré plus haut pour que vous connaissiez le vrai coût global de l'envoi (en comptant la Poste, le matériel d'envoi, les taxes d'Etsy, et les charges que vous aurez à payer sur ce revenu) : il faudra amortir ces frais en les incluant au prix de vente de votre article.
Je vous dis tout ça parce que mine de rien, les frais d'expédition sont quand même bien plus élevés que ce qu'on croit au départ quand on prend tout en considération ! Hein, voilà. Ne dites pas ohhh c'est bon, non quand même c'est cher et si vous n'incluez pas ces frais dans le prix de vos articles, vous allez vous retrouver avec un bénéfice super mince et on ne monte pas une boutique en ligne pour bosser à perte !

Bon, voilà, on a bien papoté ensemble du descriptif, du prix de l'article, du prix de l'envoi... Je crois que j'ai tout dit, alors je vous propose de vous reposer et de nous retrouver demain pour la suite ! Vous avancez à pas de géant et c'est formidable !! Je suis fière de vous.

Jour 10

DÉFINIR LES MOTS-CLÉS D'UN ARTICLE

Temps : 30 min

Aujourd'hui je pensais vous brancher sur les mots-clés. Et comme je sais que c'est un poil boring et que je veux absolument votre réussite, je vous jure que je vais vous le rendre intéressant. Oui il s'agit de référencement. Vous allez kiffer et retenir quelques trucs c'est promis. Respirez un bon coup, et respirer tout au long de ce chapitre, ça va vous aider. Je suis là avec vous, on y va tranquillement. (Repirez).

Alors, point de départ : imaginons vous avez un fils de 2 ans, qui est gardé par une nounou formidable, Caroline. C'est la fin de l'année scolaire et vous voulez remercier Caroline avec un cadeau qui fasse mouche. Vous avez pensé à lui offrir un cadeau personnalisé, et vous vous êtes dit qu'un tote bag serait à la fois cool et pratique dans sa vie quotidienne.
Vous voilà donc sur Google, et vous tapez « tote bag original nounou » dans la recherche. Là, le moteur de recherche affiche un certain nombre de résultats : un tas de sites qui proposent des tote bags sympas. Il ne vous reste plus qu'à faire votre choix et à cliquer sur les sites qui vous semblent les plus pertinents pour vous. Jusque là, je suis sûre que vous me suivez : j'ai décrit un simple cas pratique de recherche sur internet. C'est ce qu'on fait tous, au moins une

fois par jour, tout le monde sait trouver un truc sur internet avec Google, n'est-ce pas ?

Internet, c'est donc : d'un côté des gens qui cherchent de l'information ; et de l'autre, des sites internet qui proposent du contenu. Le job du moteur de recherche, Google par exemple, c'est de proposer des sites avec le contenu le plus approprié et pertinent par rapport à votre demande. En définitive, les moteurs de recherche mettent en relation des gens avec de l'information.
Or, il existe des milliards de sites web. Cela signifie que les moteurs de recherche ont un millième de seconde pour scanner des trillions de contenus de tous les sites pour pouvoir vous proposer une liste de sites web sur-mesure pour chaque demande particulière. Pour optimiser la recherche parmi ces milliards de sites web, les moteurs de recherche s'appuient sur plusieurs critères pour chaque site, auquel ils ont attribué une note de pertinence : ça leur fait gagner beaucoup de temps. Et notamment, pour cette note, les moteurs de recherche prennent en compte les mots-clés.

Les mots-clés (et ne soupirez pas ! Le meilleur arrive, promit !) c'est un ensemble de mots qui décrivent précisément le contenu de votre site. Comme ça, quand Google ou les autres moteurs de recherche vont passer votre site en revue, il vont juger d'après cette liste assez précise si votre site doit figurer parmi les résultats pour une recherche donnée.
Alors, reprenons l'exemple cité plus haut, du cadeau que vous voulez faire à la nounou de votre fils. J'ai une question pour vous : pour avoir le max de chances que mon site de vente de tote bags personnalisés arrive dans vos résultats Google, quel genre de mots-clés devrai-je intégrer dans les textes qui vont figurer sur mon site ? J'ai pensé à quelques mots-clés pour répondre à cette question :
— « tote bag nounou »,
— « cadeau original »,

— « idée cadeau nounou »,
— « sac en toile pratique »...
mais cette liste n'est pas parfaite et vous avez sûrement eu des idées encore plus pertinentes. En tout cas, vous voyez dans l'exemple que si j'intègre des mots-clés qui vous concernent, mon site internet figurera peut-être parmi les résultats de votre recherche Google : ainsi vous irez peut-être visiter mon site et vous deviendrez peut-être un nouveau client.

Alors tout cela rend très claire l'idée que pour avoir le maximum de visites de gens intéressés par ce que l'on propose, le choix des mots-clés est primordial. On comprend aussi que si j'utilise des mots-clés trop généraux comme « sac à main », il y a tellement de sites web qui l'utilisent depuis très longtemps et qui, de fait, seront mieux placés que moi dans les résultats Google que ça ne sert à rien. C'est en étant spécifique que l'on arrivera à placer son site le plus haut possible dans les résultats Google : par exemple, « tote bag personnalisé » sera plus pertinent que « tote bag » ! Okay pour vous ?
Là, je vous exposais les principes de fonctionnement des mots-clés, si vous n'avez pas tout compris, laissez reposer quelques jours et revenez-y, c'est normal, c'est une autre planète, faut se faire à l'idée... Soyez cool avec vous-même !

Au niveau de la pratique, maintenant. Quelle que soit la forme de boutique en ligne que vous ayez choisie, les mots-clés sont intégrés dans l'immense majorité des back office. Donc, quand vous êtes dans l'admin et que vous êtes en train de créer une nouvelle fiche produit, il y a : mettre des photos, intégrer un titre pour l'objet, puis un petit texte explicatif, puis des mots-clés (en général une dizaine). C'est donc bien à cet endroit que vous allez essayer des séries de mots-clés. Alors, ce qui est génial avec internet et on va en profiter pleinement, c'est que ça permet des tests et des essais immédiats en réel. Vous allez donc avoir le plaisir de tester une dizaine de mots-clés par article mis en ligne.

LES STATISTIQUES !

Votre outil le plus précieux au regard des mots-clés va être la page des statistiques de visites de votre site. Chaque mois, vous consulterez les statistiques pour découvrir les articles qui sont le plus vus et éventuellement le plus achetés sur votre boutique (ne vous découragez pas si les ventes ne démarrent pas, ça peut prendre plusieurs mois au début — le temps que le référencement se fasse — donc patience, et tenez bon !). Donc vous verrez en tête de liste de vos statistiques, les articles les plus consultés. Ces articles-là, vous n'y touchez plus : s'ils sont performants, on les laisse tels quels.

Pour améliorer votre référencement, la méthode va être la suivante : on ne va EN AUCUN CAS essayer d'améliorer encore plus les articles qui sont déjà performants. C'est hyper risqué, on pourrait compromettre ses meilleurs résultats en essayant de faire mieux ! Au contraire, on va améliorer les articles les moins performants en partant du bas, donc en partant de l'article qui a les résultats les plus pourris. Et, on va injecter à ces articles les plus pourris, les mots-clés des articles qui sont les plus vus. C'est une façon très pragmatique d'avancer. Bien sûr, les articles qui ne sont pas du tout performants ont peut-être d'autres problèmes : ça peut être une photo peu engageante ou un produit simplement moins chouette. Mais au moins les mots-clés c'est du solide : changez-les, et voyez au bout d'un mois si cela a amélioré les vues ou les ventes de ces articles. Si ça n'a rien changé, c'est qu'il faut sûrement modifier la photo, le descriptif ou les autres petits trucs que je vous donne dans ce guide. Il est vraiment très important d'essayer des mots-clés différents pour chaque article, pour plusieurs raisons : d'abord, chaque mot-clé sera un chemin ouvert vers votre site ; ensuite, parce que ça vous permettra de voir les mots-clés les plus pertinents. Se prendre un peu la tête sur la diversification de vos mots-clés, c'est un gage de réussite future ! Alors, voilà il me semble que j'ai fait un peu le tour du référencement, les bases... C'est un petit travail sur le long terme, prenez votre temps, appuyez-vous sur les statistiques pour avancer, ne vous découragez pas... C'est bien la ténacité qui vous permettra de venir à bout du référencement ! :) Un petit pas par jour : vous verrez, dans quelques mois, vous aurez accompli du chemin je vous le promets.

Jour 11

MISE EN LIGNE DE VOTRE DEUXIÈME ARTIIIICLE !!!!

Temps : 10 min

Aujourd'hui, et après cette grosse session d'hier sur le référencement, je voulais vous lâcher la grappe et qu'on fasse juste un petit exercice rigolo et cool (huhuhu) : 10 minutes chrono.
On y va : il s'agit de faire une nouvelle fiche produit et donc, de mettre en ligne un second article. Juste pour info, si ce deuxième article est assez proche du premier au niveau des renseignements, n'hésitez pas à simplement dupliquer la première fiche produit, puis à la modifier les éléments qu'il faut — comme changer les photos, modifier le descriptif, éventuellement le prix d'expédition si le poids est différent.

N'oubliez pas de mettre quelques mots-clés bien choisis, différents du premier article, comme indiqué dans le chapitre du Jour 10. Voilà, aujourd'hui vous avez mis votre deuxième article en ligne et vous pouvez être fier de vous ! Avec la quantité de savoir-faire à connaître pour faire un site, je trouve que vous avez vraiment la classe internationale. On se retrouve demain pour continuer à la cool !

Jour 12

CRÉER SA PAGE INSTAGRAM

Temps : 30 min

Le programme du jour, dans ce marathon de la boutique en ligne pour lequel vous gérez comme un chef, c'est 30 minutes pour créer la page Instagram de votre marque ! Alors, comme vous avez tout à portée de main c'est facile : on se met dans Instagram (s'il le faut, on télécharge l'appli... mais j'imagine que vous l'avez déjà ;)), on va dans le menu, créer une nouvelle page, tout ça tout ça, le truc habituel.

On charge le logo tout beau qu'on avait fait pour la boutique en ligne, pour que les gens s'y retrouvent, et on met bien l'adresse web de la boutique en ligne dans la section « site web » du profil Instagram et puis voilà... roule ma poule. Éventuellement un petit descriptif rapide. Instagram propose souvent de connecter tous nos contacts avec cette page, oui oui allez-y, demandez à tous vos contacts de liker cette page !!

Alors là, bravo parce que c'est un réseau social ultra puissant et que votre marque est désormais dessus. Toutes les créatrices le disent : actuellement, Instagram est un canal de ventes très puissant ! Il ne vous reste plus qu'à poster les photos des articles que vous avez déjà mis en ligne sur votre boutique ! Postez au moins une photo de chaque article en ligne et indiquez que le lien de l'eshop se trouve dans le profil (ça s'appelle un Call to action : ne l'oubliez pas, sinon les gens n'iront tout simplement pas visiter votre boutique ! C'est con, mais c'est très vrai !). Dernière chose : indiquez bien les hashtags.

Les règles pour les hashtags c'est :

— pas plus de 10,

— bien mis dans le descriptif de l'image (et pas dans les commentaires en dessous),

— pas de hashtags trop vagues du style #instalove ou #dailyinsta, car ils ne servent strictement à rien.

Préférez... les mots-clés que vous avez travaillé pour vos fiches d'articles ! Voilà mes cocos. Bravo. Ça avance, ça avance !!!

Jour 13

TROISIÈME ARTICLE EN LIGNE ET NOUVELLE SÉANCE PHOTO

Temps : 40 min

Alors comme vous et moi on a déjà bien dégagé la théorie et la méthodologie, aujourd'hui je pense que c'est bien si on continue d'étoffer un peu la boutique en ligne en faisant une nouvelle fiche produit. C'est important de mettre des fiches produits de façon régulière : plus vous avez d'articles, plus les clients ont de chances d'avoir un coup de cœur ! Comme on est déjà un peu rodé, ça devrait aller assez vite. Si l'article est relativement similaire aux précédents, c'est rapide, si c'est complètement différent, ça prend 15 minutes de plus. Quoi qu'il en soit, et dans un souci d'efficacité, l'objectif est de mettre en ligne. On peaufinera plus tard !

Et, une fois que votre troisième article est en ligne et que vous avez célébré cette réussite (!! YEAY !!!!), je vous propose de faire en 8 minutes un petit pas qui vous fera beaucoup avancer : une nouvelle séance photo rapide, mais importante, huit minutes montre en main pas plus, pour prendre vos articles dans des situations différentes : sur le chemin dehors, dans votre cuisine, sous la douche, ou dehors, ou dedans, ou sur la tête (liste non exhaustive...) pour à la fois nourrir votre feed Instagram, et aussi compléter les fiches produits de la boutique en ligne. En plus, c'est super cool et pratique d'avoir une petite bibliothèque de photos à portée de main, genre caisse à outils indispensable pour votre boutique en ligne, pour Instagram... donc sans pression, faites quelques photos et puis... reposez-vous !

C'est bien pour l'eshop d'avoir plusieurs photos de chaque article pour les potentiels clients, ça aide à déclencher des ventes. L'acte d'achat est souvent plus déclenché avec certaines photos qu'avec d'autres — sans qu'on comprenne toujours pourquoi d'ailleurs. Donc, super important de changer les photos, d'en ajouter, de les alterner, de faire des gros-plans pour tester ce qui marche le mieux ! Encore une fois, c'est la magie d'internet qui permet de tester en réel autant de choses et qui vous permettra de parfaire totalement vos articles jusqu'à des tonnes de ventes chaque jour <3 Courage. Et bravo d'avoir non seulement ajouté un article en ligne aujourd'hui, mais en plus d'avoir continué à enrichir la banque d'images de votre marque !

Jour 14

UN QUATRIÈME ARTICLE ARRIVE SUR LA BOUTIQUE, ET HOP SUR INSTAGRAM !

Temps : 30 min

Hello ! Aujourd'hui c'est le Jour 14. Je n'en reviens pas d'à quel point vous avez avancé. Vous avez décidé de quelle boutique en ligne ouvrir. Vous avez trouvé un nom pour votre boutique, créé un statut d'auto-entrepreneur. Vous avez défini une identité visuelle de marque, paramétré votre boutique, fait des séances photo, mis en ligne des articles, compris le principe des mots-clés, créé un compte Instagram... Bravo et gros câlins pour toutes ces réussites !!! Vous réalisez qu'il y a moins de deux semaines, vous n'aviez rien de tout cela ?!? L'action vous a déjà mené très loin, et ce n'est pas fini !
Pour continuer dans l'enthousiasme, je vous propose de faire encore un pas en avant aujourd'hui et de poster un quatrième objet sur votre boutique en ligne.

Souvenez-vous.
L'important pour réussir sa boutique, ce n'est pas de mettre 100 articles en ligne le premier jour. Pas du tout. L'important c'est de poster un objet chaque jour, régulièrement, doucement, sans trop se fatiguer, mais avec endurance et constance. Le référencement adore cette constance et cette régularité. Ça rassure le référencement. Ça l'apaise

(nan parce qu'il est un peu stressé, le référencement). Ça le conforte. Et puis pour vous c'est bien parce que ça fait mettre en ligne régulièrement des objets qui vous rapporteront à terme un revenu régulier, donc une base quotidienne de travail sans forcer, c'est à la cool ! Donc, comme je disais, aujourd'hui je vous propose de mettre en ligne un nouvel article (le 4ème), avec des photos que vous avez en stock, une petite liste maligne de mots clés et puis voilà !
Si jamais il vous reste une once d'énergie, partagez l'article d'hier et celui d'aujourd'hui sur Instagram. N'oubliez pas de bien indiquer sous le descriptif Instagram d'aller voir la boutique en ligne avec le lien marqué dans le profil ! Voilà mes petits lapins. C'est tout pour aujourd'hui, mais c'était encore grand. Yes. Vous pouvez avoir le sentiment que le rythme de ce livre ralentit : ne vous inquiétez pas. C'est important qu'on mette en place vous et moi, une routine de mise en ligne d'articles et de photos sur Instagram ; mais je vous réserve encore des enseignements très importants pour la suite. Continuez de lire ! Enfin, demain… car pour l'heure, c'est repos, bien sûr.

Jour 15

LA PLANÈTE GOOGLE ADWORDS

Temps : 20 min

Aujourd'hui je voulais vous parler de Google Adwords. Google Adwords, c'est un outil que l'on finance pour qu'il référence notre site en priorité sur certains mots-clés que l'on choisit. Par exemple, si je mets 15 euros par mois sur l'expression « cadeau nounou », ça devrait me permettre d'arriver plus vite dans les premiers résultats Google que si je bénéficie uniquement du référencement naturel, dit « organique ». Je vous conseille vivement de vous pencher sur la question : à mon humble avis, Google Adwords est le seul endroit où vous pouvez investir des sous pour votre marque presque sans risque, car les retombées en termes de trafic sont normalement très élevées, et de fait les ventes aussi !

Je sais que Google Adwords est déjà intégré dans le système Etsy et largement simplifié, ce qui est drôlement cool. Si vous êtes sur une autre boutique en ligne, il faudra certainement intégrer des paramètres ou autres (à vrai dire aucune idée, ça c'est trop technique pour moi !). Et Google Adwords est vraiment hyper compliqué à manipuler pour les novices comme moi. Donc j'étais ravie qu'il soit intégré et facilité dans Etsy, ça m'a gravement bien aidée ! Mais peu importe, voici un petit Pitch sur Google Adwords tel que je le connais, donc dans le système Etsy.

Alors, Google Adwords est EXTRÊMEMENT PUISSANT. C'est le KING des outils du référencement. Je vais partir du principe que vous êtes dans Etsy et que vous avez accès aux paramètres simplifiés de ce système. Je voudrais juste vous dire qu'il faut absolument investir dans Google Adwords via Etsy (allez dans l'onglet « marketing » pour le trouver). Vous investissez 1 euro par jour, dans une zone géographique locale, autour de vous, votre région. Ne choisissez pas l'étranger, les USA, etc. : en effet, Etsy privilégie les vendeurs locaux et vous serez mieux référencé autour de chez vous qu'à l'étranger.
D'ailleurs c'est pareil pour Google. Même si 1 euro vous paraît beaucoup, c'est un investissement indispensable. Il démultiplie les ventes. Réellement. Pas seulement les vues. Par comparaison, je n'investis plus dans le système de référencement Etsy qui est vraiment peu efficace (il est interne et cantonné à l'univers Etsy, vous le trouvez aussi dans l'onglet « marketing », mais c'est pour être mieux référencé uniquement dans le moteur de recherche Etsy).
J'utilise Google Adwords dans Etsy, car il référence sur Google Shopping et ça c'est top. Voilà : aujourd'hui je vous propose, si vous êtes sur Etsy, de lancer une campagne Google Adwords et si vous êtes en dehors d'Etsy, de vous pencher sur la question, du mieux que vous pourrez, avec le max d'infos possible glanées sur le web. Par ailleurs, sachez que cette forme de référencement doit courir sur plusieurs semaines pour commencer à être efficace donc, voyez cet investissement sur le long terme. Si vous avez l'impression que c'est de l'arnaque au bout de 4 jours et que ça ne fonctionne pas, c'est normal, mais je vous invite à continuer, si financièrement vous le pouvez. Si vous vouliez investir sur votre boutique, c'est là qu'il faut mettre des sous ! C'est le seul endroit où je vous encourage à

payer. Mais pas 10 euros par jour : non, préférez une petite somme, mais vraiment tous les jours, sur la durée : c'est ça qui fonctionne ! Sachez que mon unique intérêt ici est le vôtre. Je ne veux en aucun cas vous faire dépenser des sous inutiles, et concernant Google Adwords, vous pouvez investir les yeux fermés.

Voilà, aujourd'hui vous avez une boutique active, des articles en ligne avec des photos cool, un référencement en cours avec des mots-clés intelligents et une campagne Google Adwords qui va faire exister votre boutique sur le web. Bravo !!!

Jour 16

MON RÉSEAU EST GÉNIAL

Temps : 20 min

Vrai ou pas, le jour où on ouvre sa boutique en ligne, on s'attend à des ventes la semaine suivante à des tas d'inconnus ? Parce qu'on est convaincu de la qualité de nos articles. Et là c'est la douche froide : au bout de plusieurs semaines sans vente, on se rend à l'évidence, ça va pas être si simple. Bon, pas de panique, ça nous le fait à tous. Et pas de panique, j'ai un tas d'astuces pour vous aider à passer ce cap des premières ventes à des inconnus. Et c'est tout bête : il va falloir d'abord vendre à son réseau, c'est ainsi. C'est frustrant, mais c'est ainsi.

D'abord, on va s'appuyer sur vos cercles de proches pour voir ce qui se passe. D'une part, parce que s'ils achètent, ça vous fera des premières expériences de vente et c'est cool d'avoir un galop d'essai, je vous assure (pour régler les problèmes d'emballage et d'expédition, par exemple). C'est là que tu te dis : ah ouais, il me faut des cartes postales « Merci », flûte.

Et d'autre-part, parce que, qu'ils achètent ou non, ils pourront vous faire un feedback. Ce feedback, vous n'en avez peut-être pas très envie parce que vous avez tout bien fait, à votre façon. C'était le cas d'une amie à moi, qui avait une superbe boutique de boucles d'oreilles faites main, dans des matériaux dinguement cool. Cette nana m'appelle et me dit : « depuis que j'ai changé mon site et que je l'ai refait tout beau il y a un an, je n'ai plus aucune vente. Je me demande si c'est parce que ça fait trop pro et que le côté amateur a disparu ».

Après un petit tour sur sa boutique, je vois que ses articles n'ont pas de descriptif. Qui voudrait acheter des boucles d'oreille sans savoir leurs dimensions exactes, leur poids et les matériaux qui les composent ? Personne, n'est-ce pas ? Pourtant, son nouveau site tournait depuis 1 an et elle ne voyait pas la source du problème. D'où l'importance de contacter ses proches en première instance, dès que possible après l'ouverture de votre boutique, pour du feedback, et éventuellement, des premières ventes.

Donc, concrètement : votre mission d'aujourd'hui consiste à contacter votre premier cercle de proches. Comment faire ? Alors, perso je trouve ça important de contacter ses proches de façon familière, donc pas au travers d'une newsletter, mais plutôt au travers d'un email. Pas de destinataires cachés, tout le monde dans la barre d'adresses, car vous n'allez contacter que des gens qui sont dans votre premier cercle de proches : famille et amis. Je vous propose un brave « Salut tout le monde, je viens d'ouvrir une boutique en ligne ; si vous avez une minute, ça me ferait ultra plaisir que vous y mettiez un coup d'œil — adresse web ». Voilà tout simple. Un petit « si vous avez des suggestions, elles sont les bienvenues » et le tour est joué.

Donc ça c'est votre premier cercle de proches : vous pouvez régulièrement leur envoyer une petite mise à jour pour leur montrer vos nouveautés. Ça fait vraiment plaisir de voir que l'un de nos proches développe son activité, donc ne soyez pas timide... Et puis voyez si ça déclenche du feedback ou des ventes. Ça déclenche des ventes ? Cool. Ça ne déclenche aucune vente ? Bon, il faut peut-être demander à quelques-uns de vos proches s'ils ont une idée de pourquoi ça coince. Et ne négligez pas cette étape, elle est superimportante !

Jour 17

MISE EN LIGNE D'UN ARTICLE ET PHOTOS DE VOUS !

Temps : 30 min

Aujourd'hui, petite séance de travail qui devient un peu une habitude : Poster un article sur votre boutique en vérifiant que tous les paramètres sont bien réglés : prix, descriptif détaillé, photos lumineuses, mots clés... Vous avez maintenant l'habitude !

Et pour la séance photo, une petite nouveauté aujourd'hui : je vous propose dans la mesure du possible, que quelqu'un vous photographie dans votre univers de travail.
Ça sera vraiment cool pour vos visiteurs de découvrir l'envers du décor. Même si c'est une mini table dans un coin de votre chambre, prenez des photos là... Ce type de photo pourra enrichir votre profil de vendeur sur votre boutique. Voilà, plus qu'à poster votre nouvel article sur Instagram, et les photos de vous aussi et demain je vous propose un peu de théorie sur les personnalités !
Bravo pour aujourd'hui… et vivement demain !

Jour 18

LES CERVEAUX GAUCHES ET LES CERVEAUX DROITS

Temps : 30 min

Aujourd'hui je vous propose d'optimiser vos descriptifs, notamment avec le recul que nous offrent les connaissances sur les « cerveaux gauches » et les « cerveaux droits ».

Je m'explique : l'immense majorité des gens (80 %) fonctionne plus avec l'hémisphère gauche de leur cerveau. On dit qu'ils sont « cerveaux gauches » : cela signifie qu'ils fonctionnent sur des raisonnements binaires, précis, clairs. Une question trouve une réponse. Ils savent prévoir un planning et une liste de tâches à effectuer dans un ordre donné. Ils sont techniques et organisés.

Pour s'adresser aux cerveaux gauches dans votre descriptif de produit, vous allez fournir des informations concrètes, techniques, sous forme de liste. Ça va être : les dimensions, le poids, la composition, les conditions d'utilisation et d'entretien (etc.) avec des chiffres, des pourcentages et des tirets. Par exemple pour un tote bag :
« — 30 x 42 cm (standard)
— anses 45 cm (standard)
— 100 % coton
— épaisseur 150g
— lavage main »

Ensuite, nous avons les « cerveaux droits » qui représentent, eux, 20 % de la population. Ils fonctionnent avec leurs sens, leur intuition, leur imagination. Ils ont une vision globale d'un sujet.
Pour vous adresser à eux, vous pouvez écrire un petit texte imagé pour compléter votre descriptif.
Par exemple :
« Ce joli sac à langer est le cadeau parfait pour votre meilleure amie enceinte : avec le prénom de son futur baby brodé dessus, elle sera touchée par ce cadeau unique et personnalisé ! Dès la naissance, elle pourra bénéficier de tous les atouts de ce sac immense, rempli de multi-poches élastiques ou zippées, de tailles différentes et plus pratiques les unes que les autres. »

En dehors du fait qu'un descriptif qui mêle éléments techniques et description imagée parlera à tout le monde, cela va aider Google à vous référencer. Ici l'air de rien, j'ai introduit un paquet de mots-clés ou expressions-clés dans ce texte : « sac à langer », « cadeau parfait meilleure amie », « amie enceinte », « prénom », « cadeau unique », « personnalisé », etc... Et ces petits textes rédigés sont vraiment utiles pour votre référencement naturel organique.

Que ce soit pour satisfaire les cerveaux gauches et les cerveaux droits, ou pour favoriser le référencement : tout ça est à travailler pour chaque article, petit à petit, quand vous avez un peu de temps...
Vous pouvez remanier au fil de l'eau vos textes pour les enrichir en mots-clés ou expressions-clés, pour augmenter petit à petit les vues sur ces articles.

Avec ces infos sur le fonctionnement des cerveaux gauches et droits, je vous propose aujourd'hui de repasser vos descriptifs au crible : vérifiez que vous avez bien organisé tous vos descriptifs en deux parties, d'abord une partie tech-

nique et précise, puis un texte imagé. Ça peut paraître pas grand-chose, mais vous verrez que ces petits pas font réellement avancer votre boutique ! Et si ça fait trop de tout faire en un soir (il y a fort à parier que ça soit le cas), découpez cette tâche en plusieurs jours : un descriptif amélioré chaque jour jusqu'à la fin de la semaine prochaine par exemple. On ne mange pas un éléphant d'un coup, on le mange bouchée après bouchée !!! C'est une drôle de métaphore, mais c'est une expression toute faite, c'est ainsi :)
Alors, courage, et bravo pour le chemin accompli jusque là vous verrez comme vos efforts seront une source d'épanouissement sur le long terme.
Je vous dis à demain !

Jour 19

ANALYSER LES STATISTIQUES DE SA BOUTIQUE

Temps : 20 min

Comme d'habitude, vous pouvez commencer aujourd'hui par mettre en ligne un article.
Il est possible que vous ayez quantité d'articles à mettre en ligne ; il est possible aussi, que vous n'en ayez que cinq et que du coup, vous soyez à court, vous n'avez plus rien à fournir...
Je comprends très bien et j'ai des petites astuces pour booster votre boutique. Comme je vous l'ai dit, le fait de mettre régulièrement des nouveaux articles en ligne va booster votre référencement ; ça va aussi potentiellement déclencher plus facilement des coups de cœur chez les clients potentiels.

Mais aussi, plus vous avez d'articles en ligne, plus cela fait des entrées vers votre site. Par exemple : si vous avez une boutique de cartes postales illustrées par vous-même : chaque carte postale aura des mots-clés spécifiques selon ce qui est représenté et leur usage. Par exemple, il y a la carte postale d'anniversaire, la carte avec un couffin, parfaite pour une naissance, la carte postale botanique…
Cela fait autant de mots-clés très différents qui constitueront des chemins possibles de Google vers votre boutique.

Donc l'idée c'est d'essayer de développer une petite gamme de produits pour votre boutique, en s'appuyant sur ce que vous avez déjà, en en fabriquant d'autres, des dérivés, des plus petits et plus grands... Des cartes cadeaux pourquoi pas. Essayez de trouver au moins une dizaine de choses à vendre.
L'idéal est même de diversifier les prix, et de proposer des articles pour les petits et les gros budgets. Vous multiplierez ainsi les potentiels achats !
En définitive : tentez de développer vos produits et votre gamme de prix, c'est important. Faites comme vous pouvez, au mieux.
Donc, aujourd'hui : mettez en ligne encore un produit si vous avez un ; et sinon : on passe au deuxième programme du jour, c'est-à-dire l'analyse des statistiques.

Alors, étant au début de l'activité, ce n'est pas sûr que les données sur vos visites soient très développées. Ce n'est pas grave : mon objectif c'est de vous mettre le pied à l'étrier sur comment utiliser vos statistiques. Donc on y va, c'est parti : rendez-vous de suite sur votre site, sur la page de vos statistiques.

Autant les statistiques du jour ne nous servent pas beaucoup, autant les données sur le mois passé sont super intéressantes. On va regarder les deux articles qui font le plus de vues, et les articles qui font le moins de vues. Et c'est logique : on va simplement utiliser les données des fiches les plus vues pour les injecter dans les fiches les moins vues.
C'est tout simple : la fiche produit la plus vue a des atouts que les fiches les moins vues n'ont pas, comme : les mots-clés, un descriptif très technique, une photo très lumineuse... Vous allez donc reprendre ces atouts pour enrichir les fiches produits qui sont les moins vues. Ainsi, au fil du

temps, le référencement de votre boutique en ligne progresse par le bas. C'est bon pour vous, ça vous parle ?

Je vous enjoins à ne surtout pas toucher les articles qui marchent le mieux : laissez-les car vous risqueriez, en essayant de les améliorer, de leur faire perdre leurs atouts actuels. Mieux vaut commencer par améliorer par le bas, je vous le garantis.
Par ailleurs, les statistiques vous montreront l'origine des clics : en général, Instagram est une bonne source de clics ; le site Pinterest est aussi très performant, si vous prenez le temps d'intégrer vos articles sur votre compte Pinterest de marque (ce que je vous recommande de faire. Regardez sur Google comment faire, Pinterest est un outil de visibilité puissant !).

Si vous constatez une baisse des clics venant d'Instagram, il faudra peut-être repasser un peu de temps sur l'application pour relancer le rythme ; ou peut-être que vous découvrirez qu'un blog a parlé de vous parce que vous avez plusieurs clics qui en viennent, et ce sera l'occasion de remercier la blogueuse en question. Quoi qu'il arrive, consultez vos statistiques et essayez d'en faire découler une stratégie d'attaque pour les jours suivants ! Le meilleur moyen d'avoir une stratégie intelligente, c'est de s'appuyer sur des données réelles.

Pour conclure : les statistiques de votre site sont de précieuses alliées. Revenez-y régulièrement pour faire un point, et chaque mois, voyez si des progrès sont faits grâce à vos efforts. Si ça progresse : ce sera encourageant et si ça ne progresse pas, peut-être qu'il y a des choses à côté desquelles vous êtes passé. Dans un cas comme dans l'autre : continuez de lire ce manuel, et ne vous découragez pas !
On apprend au fil de ses essais, et c'est le long terme que l'on vise. N'est-ce pas ? Alors, hauts les cœurs !!! Et on se

retrouve demain pour un dossier superimportant et passionnant !

Jour 20

VOS CONDITIONS DE VENTE

Temps : 1h30

Objectif aujourd'hui : Définir ses conditions de vente. Alors, on pourrait penser que les conditions de vente sont délicates à rédiger, et qu'elles servent surtout à se protéger en cas de litige avec un client. Du coup, vous ne savez peut-être pas comment aborder la chose, car vous ne connaissez pas encore les situations qui pourraient arriver et vous mettre en difficulté.
Ici, on va voir comment aborder tout ça.

La première chose à savoir, c'est que, contrairement à ce qu'on pourrait penser, les conditions de vente ne sont pas là pour vous protéger en cas de litige : elles sont là pour rassurer le client potentiel et provoquer des ventes !

Je vous en parle, car le problème se présente actuellement pour plusieurs eshops que je coache. Ils ont tous le même défaut selon moi.
Je vous explique : imaginez que vous partez en vacances le mois prochain sur une île à l'autre bout du monde, et que vous cherchez des super vêtements pour partir, et que vous tapez sur Google « jolie tunique été ». Google vous propose plusieurs sites, que vous visitez un par un. Imaginez que vous avez repéré un très beau site, où les tuniques sont ca-

non. Elles sont très originales, créées par une petite marque de votre région et avec de beaux matériaux. La tunique qui vous plaît coûte 92 euros.
Étant donné que c'est un petit site de créateur, que vous n'en connaissez pas la réputation, que la tunique coûte assez cher : vous vous demandez peut-être ce qui va se passer si la tunique arrive en retard chez vous ? Ou si elle n'arrive jamais ? Ou si elle arrive abîmée par le transporteur, et que ce n'est absolument pas de votre faute ? Ou que du coup vous n'êtes pas sûre à 100 % que vous aurez la tunique à temps ?
Ou vous vous demandez, tout simplement, si les rapports avec la marque se passeront bien en cas de problème... Tout cela est généralement inconscient, mais ce sont des freins à l'achat qui sont bel et bien existants.

Je vais vous donner ici un exemple de conditions de vente d'un eshop avec lequel je travaille. On analysera ensuite ensemble les conséquences possibles sur l'acheteur potentiel.

Voici ses conditions de retour :
« Retours : les retours sont gratuits en France Métropolitaine. Vous disposez d'un délai de 14 jours pour retourner un article qui ne conviendrait pas. Pour tout retour, n'hésitez pas à envoyer une demande de retour via le formulaire de contact (voir le bouton «contact» en bas de page) ou à l'adresse contact@exemple.com. Une notification vous sera adressée pour vous confirmer la validation de votre retour (pensez à vérifier vos spams). Un bordereau d'expédition sera joint à cette notification. Vous n'aurez qu'à l'imprimer et le coller sur votre colis. Vous disposerez ensuite de 7 jours à compter de la date de réception du bordereau pour déposer le colis dans un bureau de poste. Le remboursement sera effectué une fois que l'article aura été réceptionné. Vous recevrez un e-mail de confirmation dès

lors que le remboursement aura été validé. Si toutefois vous dépassiez le délai de 7 jours pour le renvoi du colis, la demande de retour sera annulée et ne sera pas renouvelable. Aucun remboursement ne sera donc effectué. Merci de bien vouloir prendre soin des articles dont vous souhaitez obtenir remboursement. Les pièces retournées ne doivent pas avoir été portées ni tachées, abîmées, l'étiquette ne doit pas être retirée... Aucun article retourné dans un état inapproprié ne sera remboursé. Les pièces étant réalisées à la commande et en édition limitée, aucun échange n'est possible. L'article renvoyé vous sera simplement remboursé. »

Pour moi, il s'agit de conditions de vente catastrophiques. Pourtant, elles sont très habituelles et répandues, et reflètent bien le cadre un tout petit peu trop rigide qu'un créateur veut donner à son activité. On peut considérer que c'est tout à fait OK, ce n'est pas choquant, c'est les conditions habituelles, OK. Je vous suis. Maintenant, si votre boutique ne décolle pas au niveau des ventes et que vous voulez un système vraiment viable, je vous propose d'aborder les conditions de vente de façon totalement différente, en les tournant de façon généreuse vers le client potentiel.

En le rassurant, vous pourrez faire sauter les freins à l'achat et il pourra passer à l'acte d'achat plus facilement. D'après mon expérience de milliers de ventes dans le monde, les gens ne sont vraiment pas malhonnêtes. Les malhonnêtes sont un pourcentage minime.
Il vaut mieux rassurer tous les clients potentiels avec un remboursement facile, plutôt que d'essayer de se couvrir en cas de problème. Les problèmes n'arriveront que très rarement et n'affecteront pas vos revenus. Donc vous pouvez orienter vos conditions de vente vers un discours beaucoup plus rassurant ; en tout cas c'est une piste de réflexion que je vous propose.

En voici un exemple :
« Les articles sont très bien emballés, et ils sont expédiés avec le plus grand soin. Les envois se font systématiquement avec numéro de suivi, de sorte que vous pourrez suivre facilement votre commande et sa date d'arrivée chez vous.
Si jamais, malgré toutes mes précautions, l'envoi était endommagé : contactez-moi de suite au 06 (le numéro de téléphone implique une relation de confiance et les gens n'abusent jamais, donc à indiquer absolument !) ou sur mon email direct : moi@exemple.com et nous trouverons une solution ensemble ! Réponse garantie dans la demi-journée.
Par ailleurs, si l'article ne vous convenait pas, sachez que vous avez 14 jours pour vous rétracter et pour m'indiquer que vous souhaitez un remboursement. Le renvoi se fait avec numéro de suivi, pour qu'on puisse chacun constater que l'article est bien revenu !
Quel que soit le problème rencontré avec votre commande et qui ne serait pas mentionné ici, merci de me contacter rapidement, nous trouverons quoiqu'il arrive une solution. »

Que pensez-vous de ces deux versions de conditions de vente ? Oui, la première est habituelle, et paraît tout à fait bien ; elle semble normale.
Mais les deuxièmes conditions de vente sont beaucoup plus tournées vers une solution. Et ça, ça peut vraiment décider un-e client-e à passer commande, surtout pour des articles onéreux. Par ailleurs, croyez-moi : quand une cliente reçoit un paquet abîmé par le transporteur, d'abord elle veut trouver tout de suite sur le site comment faire ; ensuite, elle panique parce qu'elle a peur d'être soupçonnée de mensonge et d'abus alors qu'elle n'est pas responsable de l'état de l'article ; et du coup, son inquiétude peut se transformer en agressivité. Avec des conditions de vente qui assurent qu'une solution sera trouvée rapidement, le niveau de stress

baisse et les rapports vendeur-client seront bons, ce qui est vraiment favorable à la constitution d'une clientèle fidèle.

Aujourd'hui, il serait donc intéressant de rédiger vos conditions de vente à vous. Il y a des tas d'exemples sur internet, où vous pourrez comparer et voir ce qui vous correspond le mieux en fonction de votre activité, du prix de vos articles, de s'ils sont échangeables ou non, etc...
Mais quoi qu'il arrive, pensez à tourner ces conditions vers des solutions. Vous verrez que des conditions qui ne sont pas hostiles, cumulées à d'autres atouts de votre site, vous mèneront vers la réussite ! Et, comme le reste : rédigez une première fois des conditions de vente qui vous correspondent, puis vous reviendrez de temps en temps pour les ajuster en cas de besoin.
Well done !

Jour 21

L'EXPÉDITION DE MES ARTICLES

Temps : 45 min

Aujourd'hui on va parler de l'expédition de votre premier article ! Tout d'abord, félicitations pour votre première vente !!! Que cette vente intervienne dans la première semaine de votre site en ligne ou 6 mois plus tard, cela n'a aucune importance. Générer des ventes est difficile et chaque vente est une réussite à célébrer !!! Donc d'abord : HOURRA !!!!

J'ai quelques conseils à vous donner pour les expéditions. Si vous avez monté votre boutique en ligne et que les ventes ne décollent pas vraiment, je vous encourage à réaliser tous vos envois vous-même. Il y a plein d'entreprises qui peuvent s'occuper des expéditions pour vous, mais elles grignoteront votre chiffre d'affaires durement gagné, et s'occuper de ses propres expéditions peut avoir un rôle de fidélisation très fort auprès de vos clients.

Pour vos premiers envois, et sans visibilité sur vos futurs revenus, il est crucial de ne pas dépenser de sous. Non, ce n'est pas un investissement malin d'acheter un paquet de 100 boîtes noires parfaites et 1000 feuilles de papier de soie pour vos futures expéditions : c'est une dépense inconsidé-

rée qui va peser inutilement dans votre budget. En plus, ces fournitures vont prendre un volume important chez vous.
Ne dépensez pas ces précieux sous en partant du principe que ça servira à tous vos envois : vous ne savez pas encore quels seront vos réels besoins. En général, on se rend compte au bout de plusieurs envois qu'il y a des façons plus efficaces d'envoyer nos articles ; on va par exemple réaliser que la plupart des clients achètent en général deux articles sur la boutique et que du coup les cartons prévus au départ sont trop petits ; on va se rendre compte que les articles arrivent abîmés parce qu'ils ont besoin de papier bulle en plus, ou au contraire, on va constater qu'une simple enveloppe suffit, et que le carton n'est pas nécessaire (ç'a été mon cas !).

Bref : c'est d'après moi une grave erreur d'investir dans du matériel d'envoi de commandes au départ de votre activité. Ce que je vous encourage à faire, c'est traiter les premières commandes avec les moyens du bord.
Pas assez qualitatif pour vous ? Eh oui, en général en début d'activité, on veut voir les choses en grand. Et ce petit excès d'orgueil nous perdra tous ! Revoyez vos attentes un peu à la baisse et envoyez vos premières illustrations imprimées dans une enveloppe avec le carton d'une boîte de céréales pour protéger l'envoi. Envoyez la petite maison de poupée vintage dans un carton de couches de votre petit baby. Pensez récup'. Profitez des sous gagnés grâce à ces premières ventes pour fêter votre nouveau départ avec un bon repas si vous voulez, mais de grâce, ne gâchez pas ces sous en investissant bêtement dans des fournitures inutiles... c'est mon conseil en tout cas !

Pour faire ce premier envoi, en dehors du matériel, faites un envoi très personnalisé, c'est ce qui est le plus cool à recevoir. Là encore, ça vous permettra de fidéliser votre clientèle. Ne vous improvisez pas entreprise multinationale qui envoie des millions de paquets : ce n'est pas vous ! Vous, vous envoyez votre premier article et c'est écrit à la main, c'est un carton bricolé et c'est emballé dans du papier journal... Soit !

Il n'y a pas de catalogue imprimé avec toute votre collection, il n'y a pas de carte de visite ou de carton « Merci » glissé dans la commande : vous n'avez pas encore investi là-dedans (j'espère !!). Non, le meilleur c'est : une carte postale ou une lettre écrite à la main. Eh oui. « Chère Clotilde, j'espère que vous allez bien. Je vous adresse ci-joint votre article, qui est aussi la première vente de ma boutique. Je vous en souhaite bonne réception, ainsi que de beaux projets à venir ! Amitiés. » Vous pensez que c'est trop ? Ça m'a valu une fidélisation hors-norme de mes clients et une relation ultra privilégiée avec eux, qu'ils soient en France ou à l'étranger ! À vous de penser l'expédition de vos premiers articles pour qu'elle soit à la fois la moins coûteuse possible et la plus sincère possible. Constatez après les effets bénéfiques de cette démarche : des clients super contents, et si jamais l'article pose problème, les clients auront tendance à vouloir résoudre les problèmes avec vous plutôt que d'être en colère !

Ce type de gestion de la clientèle est un très bon investissement sur le long terme pour votre marque (et ce n'est pas de la manipulation des clients : c'est simplement gagnant-gagnant !).

Voilà, ce que je voulais vous transmettre comme info aujourd'hui.
Dans les jours qui viennent, on complètera ces données techniques et pratiques avec des mises en relation très bénéfiques pour la fidélisation de vos clients...
Bravo pour tout ce que vous avez mis en place et tout ce que vous avez appris de votre activité, c'est formidable !

Continuez patiemment de travailler un petit peu chaque jour avec enthousiasme : vous verrez, les ventes suivront !

Jour 22

LES AUTRES VENDEURS (PLUS EXPÉRIMENTÉS)

Temps : 30 min

Aujourd'hui est une étape importante qu'il ne faut pas mettre de côté, à mon sens. À partir d'aujourd'hui, je vous enjoins à entrer en contact avec des gens pour ouvrir vos perspectives. Il va falloir sortir de votre zone de confort et ça ne va pas être facile.
Mais comme vous le savez, faire ce qu'il a de plus difficile donne des résultats les plus gratifiants !

Et aujourd'hui il va s'agir d'entrer en contact avec d'autres vendeurs et créateurs qui ne font pas partie de votre réseau : des inconnus.
Je vous propose donc comme atelier du jour, de sélectionner une petite dizaine de shops en ligne que vous aimez bien (créateurs/créatrices, marques, de France ou d'ailleurs !) et vous allez tous les contacter par email.

La démarche va être la suivante : leur demander s'ils auraient des conseils à vous donner pour votre boutique en ligne. Contactez-les en disant que vous appréciez leur boutique (donnez les raisons bien sûr) ; présentez votre boutique à vous, et demandez conseil. Là encore : ne négligez pas cette étape !!!! Faites-le avant de râler ou de dire que ça ne sert à rien, et vous verrez ce qu'il en découle en terme de conseils et d'opportunités.

Personnellement ça m'a fait rencontrer des créateurs très inspirants, dont un styliste de renom qui fait maintenant des tenues pour Puff Daddy et qui a remporté des prix internationaux de création, ou une créatrice incroyable qui a obtenu des certifications d'artisanat très rares en France ! Des rencontres qui ont nourri ma réflexion, et qui ont enrichi mon savoir-faire, comme vous pouvez l'imaginer.

Ces échanges en ligne avec des inconnus m'ont aussi donné des opportunités de participer à des salons de créateurs... bref, contacter des vendeurs et des créateurs m'a été très bénéfique et très enthousiasmant, et j'espère que ça le sera pour vous aussi !

Voilà le petit, mais non moins crucial programme du jour... Cela étant dit, briser la glace avec des inconnus n'est pas chose aisée. Dans cette démarche, je vous souhaite plein d'énergie pour dépasser votre éventuelle timidité et pour vous jeter à l'eau ! Personne n'ose, pourtant… vous ne risquez rien, on est d'accord ?

Et pour clore ce chapitre : je vous souhaite de belles rencontres durables. À vous de jouer ! Et puis une fois que c'est fait, vous pourrez vous féliciter, et faire une petite pause jusqu'à demain. Yeay !!!

Jour 23

LES INTERVIEWS DE VOTRE PUBLIC CIBLE

Temps : 45 min

Aujourd'hui, on va continuer d'entrer en contact avec des inconnus, cette fois-ci pour dégoter des informations cruciales sur votre marque. Des trucs que vous ne savez pas encore, et même des trucs que vous ne savez pas que vous ne savez pas ! Eh oui. Hallucinant.
Perso, c'est juste mon étape préférée de la Life : vous allez apprendre des trucs que vous ne SOUPÇONNIEZ PAS !!!
C'est par le biais d'un genre d'interview par téléphone que vous pourrez recueillir des infos super importantes sur le mode d'utilisation de vos articles par votre cible, et leur mode de vie.

Alors, en dehors d'un nouvel article à poster sur votre boutique si vous le pouvez, aujourd'hui l'ordre du jour c'est contacter 5 personnes qui NE FONT PAS partie de votre entourage.
Pour cela, postez une annonce sur Facebook ou Instagram du style :
« Chers tous. Pour ma boutique en ligne, j'aurais besoin d'interviewer par téléphone 5 personnes d'entre vous. Chaque interviewé-e recevra un petit cadeau. J'ai vraiment besoin de votre aide, c'est pour ma marque ! Petit entretien

de 10 minutes max. Merci de me mettre un petit MP si ça vous tente ! »

Alors oui, je ne l'ai pas dit au début, mais il faudra leur trouver un petit truc de votre boutique à leur offrir :-) Ne lésinez pas trop sur le cadeau, car ces personnes vont vous apporter des renseignements en or, donc interdit d'offrir un bon de réduction pour votre boutique : ça c'est cheap et c'est pas généreux parce que ça implique qu'ils vous achètent quelque chose. Non, mieux vaut un mini savon si vous faites des savons maison, ça peut être un petit carnet si vous faites de la papeterie, ou toute autre chose que vous pouvez fabriquer vous-même, qui ne vous coûtera pas trop cher et qui correspondra à l'identité de votre boutique. Si vous ne vendez que des choses imposantes et chères : achetez des petits cadeaux à leur offrir, du moment que ça correspond à votre identité de marque c'est cool.
Vous verrez comme l'intitulé « interview » est alléchant : vous ne devriez pas avoir de mal à trouver ces 5 personnes (ou plus de 5, pas de restriction ! Le plus, le mieux !). Prévoyez une petite interview téléphonique à leur convenance, d'environ 10 minutes.

Alors, cette interview : de quoi s'agit-il ?
Il s'agit d'aller à la pêche à tous les renseignements qui pourraient vous aider à mieux vendre... Vous pouvez d'abord demander à la personne son âge, sa ville de résidence (paris, grande ville ou province, c'est important de le savoir pour mieux cerner votre cible !), son métier, ses habitudes d'achat en ligne ou dans des magasins (fréquence, quel genre d'articles), si cette personne achète le type d'articles que vous avez dans votre eshop.

Puis, vous pouvez demander quels mots utiliserait cette personne pour chercher vos articles sur internet.

Quel champ lexical ça leur évoque, une liste de synonymes...

Moi, personnellement, ça m'a permis de découvrir que la plupart de mes clientes potentielles ne connaissaient pas le mot « tote bags » (c'était en 2014) — et qu'elles utilisaient à la place l'expression « sacs en toile » ! Hallucinant. Ça m'a permis de recalibrer mes mots-clés en profondeur en ayant une meilleure conscience de la réalité !
Et, je vous assure que c'est génial : tous les créateurs à qui j'ai fait faire l'exercice ont été scotchés par les résultats !

C'est normal, c'est un test qui permet de sortir de ce que l'on sait de notre propre boutique et de se frotter à la réalité du marché... Des pas de géant garantis avec cette méthode ! J'ai proposé à une amie qui vend des sacs à langer de faire ces interviews. Elle a décidé de faire un questionnaire Google et de le proposer sur sa page Facebook. Elle a eu 18 retours ! C'est énorme et ça confirme que les gens aiment bien répondre à des questionnaires (alors pourquoi s'en priver ?). Ce qu'elle a appris, c'est que la notion de « made in France » n'était en aucun cas une priorité dans les critères d'achat de sa cible. Alors que pour elle, le « made in France » était l'argument de vente numéro 1 pour lequel elle insistait beaucoup ! Le critère principal était en fait le prix. Elle a donc pu ré-orienter sa communication en axant moins les informations sur le « fabriqué français » et en favorisant des remises ponctuelles sur ses collections. Intéressant, non ? Je pense qu'il aurait été encore plus intéressant qu'elle réalise ses interviews par téléphone. Les créateurs avec qui je travaille rechignent à le faire : ils appréhendent d'appeler des inconnus, et surtout ils sous-estiment la valeur de ces échanges de vive voix.
Faites comme bon vous semble : mes techniques sont optimales et efficaces, libre à vous de les adapter si vous le

souhaitez, votre avenir vous appartient ! Ou suivez mes recommandations, et augmentez vos chances de réussite.
Voilà, il ne vous restera plus qu'à remercier ces personnes en leur envoyant votre petit cadeau, accompagné bien sûr d'une carte postale écrite à la main.
Ces personnes devraient devenir vos fans numéro 1 et il est possible qu'elles soutiennent dorénavant toutes vos initiatives — ç'a été le cas pour moi, en tout cas.

Voilà pour aujourd'hui, c'était le jour des interviews !
Bravo d'avoir franchi ce cap important et déterminant pour votre futur ! Repos et détente vous attendent pour la fin de la soirée ; nous ne reprendrons que demain, pour la suite du training ! Bravo encore, et à demain.

Jour 24

RÉ-ORGANISATION DE VOTRE BOUTIQUE

Temps : 45 min

La journée d'aujourd'hui est consacrée à un reboot de votre boutique. Il va falloir organiser vos fiches produits par catégories pour permettre aux visiteurs de trouver facilement les articles qu'ils cherchent. Ainsi, pensez à 2 ou 3, ou 4 catégories et dispatchez vos articles en conséquence. Revoyez vos descriptifs un par un, en vous assurant qu'ils contiennent :

— un descriptif très technique sous forme de liste : matériaux, pourcentages, lavage, etc.
— le délai de fabrication et de départ atelier
— un descriptif sous forme de texte
— les conditions de vente
— les frais de port gratuits bien visibles
— plusieurs photos de votre article
— vos coordonnées email en cas de besoin/question
— les mots-clés actualisés depuis que vous avez interviewé vos client-e-s.

J'ajoute un autre élément que je n'avais pas encore intégré dans le manuel et qu'il serait bien de faire aujourd'hui : c'est de mettre dans chaque descriptif un lien vers une autre fiche produit de la boutique (un article qui pourrait plaire

aussi), ainsi qu'un lien vers l'accueil du site, ou vers une catégorie du site.
Cela permettra aux visiteurs de découvrir d'autres articles sans repasser par le menu, et d'éventuellement passer plus de temps sur votre site. En plus, c'est bon pour améliorer le référencement organique donc, ne nous en privons pas !

Vérifiez que vous avez bien tout ça, et demain on passera à la suite ! Bon courage... Continuez de vous accrocher ; vous profiterez bientôt des fruits de vos efforts !

Jour 25

OPTIMISATION DE L'ORGANISATION ET INSPIRATION

Temps : 1h

S'il vous en reste en stock, continuez la mise en ligne d'articles, puis le relais sur les réseaux sociaux (Facebook, Instagram, Pinterest).

Ensuite, je vous propose aujourd'hui d'optimiser votre fonctionnement à vous.
Vous allez repenser votre endroit de création pour optimiser ; vous allez revoir votre organisation, les rangements, comment faire vos envois de façon plus pratique. L'idée, en faisant cette ré-organisation, va être de prendre du recul, de réfléchir à d'autres articles que vous pourriez créer pour votre boutique ; etc.
Il va falloir songer à se diversifier. Aujourd'hui, il y a beaucoup d'opportunités de développement au niveau des produits bio bien sûr, des produits faits main, des produits naturels, des produits locaux et aussi des produits personnalisables (et donc uniques). Avec tout ça (liste non exhaustive), voyez si vous pouvez penser à d'autres produits sympas, qui vous permettraient d'élargir votre offre et aussi votre gamme de prix !

Je le redis : super important d'avoir des articles pour tous les porte-monnaie. Ça provoque des ventes multiples et des

idées cadeaux. Dans cette quête de développement, il vous faudra peut-être ratisser Instagram ou Pinterest pour trouver des idées de ce qui se fait en ce moment... Ou vous balader dans les boutiques de créateurs et concept-stores pour piocher des idées. N'essayez pas forcément de ré-inventer le monde. Faire des choses existantes à sa façon c'est aussi participer au mode de vie contemporain, et c'est donc participer à une forme de progrès ! Fait par vous, ce sera toujours différent de ce que feront les autres.
Bon courage ! C'est pas facile de se diversifier, mais c'est important de tester plein de produits pour trouver ceux qui vous donneront un succès immédiat !

Au fil du temps et du développement de vos ventes, vous pourrez progressivement passer à des modes de fabrication plus automatisés et peut-être extériorisés, et les expéditions pourront peut-être être sous-traitées... si cela vous convient, c'est vers ça que vous pouvez aller, mais il y a du chemin d'ici là. Pour l'heure, je vous laisse bosser… et on se retrouve demain pour la suite !

Jour 26

LES VENTES DE CRÉATEURS

Temps : Selon.

Il y a beaucoup à dire sur les ventes de créateurs.
Les ventes de créateurs ont vraiment explosé dans les années 2010. Pour ma part, je suis convaincue que ces ventes sont en réel déclin et qu'elles ne déplacent plus les foules comme avant, sauf peut-être les plus connues (et donc avec des stands très onéreux) ou dans certains cas précis (conditions locales favorables par exemple).

Les stands qui coûtent très cher sont risqués, car les revenus pourraient ne pas être au rendez-vous ; les stands vraiment peu chers sur des petits marchés créateurs risquent de simplement vous faire perdre votre temps, car il arrive bien souvent que le public ne vienne pas, car les créateurs représentés ne sont pas assez attractifs... Il est donc extrêmement difficile de dire si c'est bien ou non de participer à un marché de créateurs.

Si vous vendez des petits articles pas très chers, je dirais qu'un marché de créateurs est adapté, car vous pouvez faire des ventes assez facilement (en partant du principe qu'il y a un public qui se déplacera...), mais si vous avez des articles de très belle qualité et plutôt chers, à mon avis ce n'est tout simplement pas une bonne idée. Je pense qu'au-delà de 15 euros par article, ce n'est pas la peine d'essayer. C'est une réflexion tout à fait personnelle, et des centaines de créateurs/créatrices me donneraient sûrement tort ! Mais, les marchés déclinant, mieux vaut axer vos actions sur votre référencement, Instagram, l'entretien de relations amicales avec vos clientes satisfaites et fidèles, etc.

Si vous êtes inscrit à une vente, j'ai quelques astuces pour vous tout de même.

— le stock :
On ne sait jamais à l'avance ce que les gens vont acheter, et ils achètent toujours ce à quoi on n'était pas préparé... C'est comme ça. C'est pour ça que sur un stand de 1 mètre de large, il faut présenter le plus de diversité de choses possible, quelques-uns de chaque sorte, avec une diversité de prix aussi pour provoquer des ventes. Très vite on voit ce qui plaît : pour le lendemain, on réajuste son stock en fonction.

— la déco du stand :
Le coût du stand étant déjà un investissement, et étant donné qu'il est impossible de savoir si les ventes vont suivre, il ne faut pas investir pour la déco du stand. Surtout pas ce que j'ai pu voir sur les stands de Noël : guirlandes bien kitsch et petits sapins pourris (no offense, mais les filles, soyez pragmatiques tout de même !).

Faites simple : un tissu uni blanc ou pâle, vos articles posés dessus directement à portée de main. Surtout, des écriteaux présentés d'une façon ou d'une autre pour que les clients sachent de quoi il s'agit.
Oui, c'est trop fatiguant d'arriver sur chaque stand et essayer de comprendre si ce sont des peluches qui sont en fait des porte-clés ou si c'est des bracelets en béton un peu larges ou des déco pour pots de fleurs ? Ou si les sacoches

en tissu sont en fait des portefeuilles ou des trousses de maquillage ? C'est con, mais seul vous savez ce que vous vendez, et il faut l'indiquer. Comme dans les supermarchés, quand il n'y a pas les panneaux dans chaque allée, c'est vraiment galère de trouver le rayon chocolat sérieusement.

Donc notez CE QUE VOUS VENDEZ et évidemment, le prix. Les clients ne doivent pas avoir à demander le prix : non ce n'est pas cool. Ça oblige le client à aller vers vous s'il est vraiment ultra intéressé ? C'est ça. Vous perdrez comme ça tous les clients potentiels qui pourraient acheter en voyant que ça colle à leur budget. Ça demande un effort supplémentaire souvent décourageant. De grâce, épargnez-nous ces efforts et donnez-nous toutes les infos pour vous acheter des choses !

— On continue sur des conseils : tranquillement, mais tout ça me semble très important.
Petite devinette facile : qu'est-ce qui est pire que deux nanas avachies derrière un stand en train de vous regarder dans le blanc des yeux avec l'air désabusé des journées sans ventes ? Rien ? Non, en effet rien n'est pire et plus gênant, pour elles comme pour nous ! Il est hors de question de rester désespéré à ne rien faire derrière un stand.

Voilà ma proposition : pour moi et de mon expérience, rien n'est plus attractif qu'un créateur ou créatif en train de faire son art en direct. C'est passionnant de voir quelqu'un pratiquer son savoir-faire : soyez cette personne créatrice et créative en pleine action ! Créez en live, cherchez votre matériel sous votre stand, faites abstraction des clients potentiels. Vivez votre journée.
C'est le meilleur moyen de vendre par paquets (en partant du principe que vos articles sont suffisamment cool, désolée, mais c'est la base aussi, sans quoi aucun miracle n'est possible ! Et en espérant qu'il y a un peu de visiteurs dans

le marché ce jour-là, et ça vous n'y pourrez pas grand-chose...).

— Le paquet de Carambars :
Alors, autre chose : super important d'avoir un paquet de Carambars à portée de main, genre vraiment paquet énorme, pour distribuer généreusement dans tous les sacs des clients. Vous allez donner, donner donner, des Carambars, les distribuer aux enfants qui passent si leur maman est d'accord, en proposer aux gens qui ont l'air fatigués, aux femmes enceintes... Soyez le stand où, même si on n'achète pas, on a droit à un Carambar et un grand sourire ! Où on n'achète pas, mais on ne se sent pas coupable parce que c'est cool, parce que la créatrice est cool, et on retient son nom. C'est le principe du leadership. Et bien sûr on file plein de Carambars aux nanas des stands d'à côté, ça permet de faire connaissance et d'arrêter de se faire regarder de travers !

— Voilà, n'oubliez pas de prévoir des sachets ou des sacs en papier ou des enveloppes pour les achats, ainsi qu'un petit sticker avec votre logo (c'est plus sympa qu'une carte de visite habituelle)...
C'est tout ! Je crois que j'ai tout dit. Je vous souhaite de belles ventes et de belles rencontres !

Jour 27

DÉFINIR SA STRATÉGIE COMMERCIALE

Temps : Selon.

J'ai beaucoup à dire sur le sujet, parce que toutes les créatrices que j'ai rencontrées m'ont tenu le même discours : il faut développer son réseau de distributeurs.

Ce n'est peut-être pas votre cas, mais parmi toutes les créatrices autour de moi c'était unanime : la réussite se trouve dans le nombre de revendeurs que tu as dans le monde. J'ai toujours été très étonnée de constater à quel point cette idée est répandue, et à quel point elle est ancrée dans les esprits. Cette stratégie fonctionne très bien pour une entreprise qui éditerait des objets, avec une unité de production pas trop coûteuse, des économies d'échelle, une trésorerie solide et des articles sur lesquels une marge importante est possible.

En ce qui concerne les créatrices, l'enjeu est que dans l'immense majorité des cas, il est très coûteux de fabriquer, car en général il n'y a pas d'économie d'échelle (c'est-à-dire qu'il y a rarement un abaissement des prix des matières premières et de la fabrication rendu possible grâce aux grandes quantités et qui baissent donc considérablement le prix à l'unité), car simplement, les créatrices n'ont pas le budget ni l'espace pour acheter en amont des centaines de mètres de tissu, des milliers de boutons, des cargaisons d'arbres ou que sais-je... Et la créatrice fabrique toute seule ! La créatrice ne peut acheter en général qu'une quantité limitée de matériaux, que ce soit pour des questions de budget ou pour des questions d'espace disponible (chez elle ou son atelier ou son local).

Par ailleurs, et encore une fois de façon générale (mais peut-être pas dans votre cas à vous ?), la créatrice a aussi besoin de temps pour créer des articles, car la conception jusqu'au produit fini peut être longue. Entre le prix plutôt élevé des matériaux et un temps incompressible de fabrication, la créatrice est en général coincée avec des prix de vente plutôt élevés. D'ailleurs, la grande qualité de son travail, l'originalité des articles et l'aspect très contemporain et mode de cette forme de production justifient amplement ces tarifs.

Les boutiques en dur raffolent des articles de créatrices, car ce sont elles qui conçoivent parmi les articles les plus novateurs ! Pour en revenir à la stratégie de vente, une boutique demandera de faire à minima un profit brut d'indice 2 (voire 2.5 pour Paris). Ça veut dire que sur votre prix public, la boutique voudra prélever la moitié pour elle. Ça veut dire que le prix de vente final (prix public) que vous aviez calculé en fonction des matériaux et du temps passé, devra être très élevé pour englober : les profits de votre revendeur, le prix des matériaux, le temps passé, les charges à payer dessus et enfin, un bénéfice suffisant pour qu'avec les ventes de vos articles vous puissiez vivre !

Bien sûr, si vous créez des stickers muraux, que ces stickers prennent très peu de place et sont très peu coûteux à la fabrication ; que cela vous permet d'en faire fabriquer des milliers et les stocker chez vous, alors dans ce cas, il est tout à fait intéressant de multiplier les revendeurs plutôt que de vendre à des particuliers.

Mais si, comme la majorité des créatrices, vos matériaux sont relativement coûteux et que la fabrication demande du temps : évitez à tout prix les boutiques. Vendez directement aux particuliers. Vous ferez beaucoup plus de marge par article, ce qui sera valorisant pour vous et plus stratégique pour vos finances.

En plus, les boutiques demandent un stock de dizaines d'articles qu'il faut produire — ce qui peut être vraiment décourageant lorsque les bénéfices sont si minces à la fin...

Encore un dernier détail, mais qui a son importance. Les boutiques ne prennent pas d'énormes quantités. Pour ma part, qui vendait des tote bags, les boutiques m'en demandaient une vingtaine tous les trois ou quatre mois. En comptant une marge très réduite dessus, beaucoup de travail pour fournir cette cargaison et de temps passé dans les échanges de mails, c'est juste complètement inintéressant financièrement !!!

Voilà, c'était un peu long à expliquer et j'espère que ce chapitre vous encouragera à faire le calcul du nombre d'articles vendus par des revendeurs et la marge nette ainsi dégagée, avant de vous lancer dedans !

Je comprends que les créatrices soient tentées d'être distribuées dans des boutiques, d'abord parce que ça fait plaisir : c'est un signe de reconnaissance de notre travail ; et puis il y a des endroits dans lesquels on rêve d'être représentés depuis des années, c'est ainsi.
Dans ces cas-là, rien ne nous empêche d'accepter d'être distribués dans ces lieux très spéciaux à nos yeux ; et de consacrer le reste de notre temps précieux à développer les ventes vers les particuliers.

Si aujourd'hui, mon objectif était de vous transmettre mon avis sur les revendeurs, j'espère vous avoir intéressé-e !
Pour changer totalement de sujet, rien ne vous empêche de mettre un autre article en ligne aujourd'hui, ou de poster une photo sur Facebook ou Instagram, ou encore d'analyser vos mots-clés...
Un petit pas chaque jour mon ami-e, un petit pas chaque jour ! Encore de bonnes notions de stratégie marketing acquises aujourd'hui, bravo pour votre persévérance !
Et on se retrouve demain, pour la suite.

Jour 28

J'AI APPLIQUÉ TOUT LE MANUEL, MAIS JE NE FAIS AUCUNE VENTE

Temps : Un week-end ou plus, mais ça va aller.

Si au bout de six mois, et malgré tous les conseils de ce manuel, vous n'avez fait aucune vente : vous avez un problème d'article ou de prix.
D'abord, vous allez interroger le marché (donc regarder sur Pinterest et Instagram) pour voir si les articles que vous proposez sont tendance, intéressants et s'ils répondent à une demande actuelle. Peut-être qu'un petit détail esthétique pourrait les rendre plus contemporains. Ou peut-être que c'est le positionnement des articles ou la stratégie de prix qui bloquent les ventes. Je vais vous donner des exemples au travers de mon expérience propre, peut-être que vous pourrez y puiser des infos qui vous aideront.

Quand je me suis remise à dessiner en 2013 après la naissance de nos deux enfants, mon mari m'a encouragée à poster mes dessins sur Facebook. J'ai d'abord posté mes dessins sur ma page personnelle, ensuite j'ai ouvert une page pro (mais ce sont surtout mes amis qui me suivaient bien sûr !). C'est alors qu'une copine m'a demandé si je pouvais lui imprimer un de mes dessins en poster.
Suite à sa demande, j'ai décidé d'ouvrir une petite boutique sur Etsy pour vendre des posters et des cartes postales avec

mes illustrations. Comme vous le savez, ça représente un peu de boulot d'ouvrir une boutique ! J'ai remonté mes manches, j'ai ouvert ma boutique en ligne, et au bout de plusieurs mois... j'étais dans le désarroi le plus complet : je n'avais vendu que 4 ou 5 articles, uniquement à des gens que je connaissais et la fréquentation de ma boutique était très basse. Ça faisait déjà plusieurs mois que je cherchais à faire fabriquer des sacs en toile avec mes dessins, le marché était déjà saturé, mais au moins, c'était un type d'article prometteur c'était à la mode et ça rencontrerait peut-être plus de succès que mes illus.

Mon problème, c'est que les exigences de production étaient inatteignables pour moi : tous les fournisseurs de tote bags imprimés proposaient des quantités à partir de 500 pièces. Je n'avais pas les moyens de financer autant de stock et je me morfondais devant ma boutique inactive.
Quelques semaines plus tard, enfin, une nouvelle boutique à Paris proposa des impressions de tote bags à l'unité. Bien sûr, les tarifs étaient plus élevés que pour des grosses quantités. Mais cela me permit de lancer des tote bags avec mes dessins, en faisant imprimer à la commande, au fur et à mesure, sans stock. Un système très souple, avec une petite astuce que je vous explique plus bas, qui m'a permis de m'enlever une grosse partie des contraintes de mes concurrents et de me faire une place au soleil !
Je savais par ailleurs que plus je proposerais de graphismes différents, plus j'avais de chances d'en vendre. J'ai donc eu l'idée de créer le maximum de dessins possible (au début 30... puis 50... puis 100, puis 250 en tout) pour proposer le choix le plus vaste au monde. C'est d'ailleurs devenu très vite mon slogan : ça s'appelait Bambouchic, et je disais pour m'amuser, « le plus large choix de tote bags au Monde ! ».

Ce qui m'a permis de fonctionner comme ça, c'est que j'avais une belle photo de tote bag vierge.
Ainsi, je pouvais incorporer dessus mes dessins dans Photoshop, et faire « comme si » j'avais pris une photo d'un sac réellement imprimé. Ce système m'a évité de devoir imprimer, puis photographier chaque modèle un à un. C'est là que j'ai eu un grand avantage concurrentiel : mes concurrents, eux, faisaient fabriquer des séries de sacs en toile avec une collection qu'ils avaient préparé, sans savoir à l'avance si les graphismes allaient plaire, ce qui leur faisait investir beaucoup d'argent et prendre des risques.

Et ce système de scanner mes dessins et de les « incruster » sur mes tote bags dans Photoshop me permis de créer sans limite : je pouvais poster un nouveau visuel chaque jour, en trouvant l'inspiration sur Pinterest.

J'ai trouvé le fournisseur en juillet, et dès le mois d'août j'avais une cinquantaine de tote bags en ligne. Et tout de suite, ça a fonctionné : je faisais une vente tous les deux jours en moyenne. Début septembre, j'étais contactée par des boutiques à Paris et aux USA (c'est là que j'ai compris qu'il ne serait pas dans mon intérêt de fonctionner avec des revendeurs). Et puis, dans le courant de l'année qui suivit, les ventes continuèrent de grimper, et moi je continuais de créer de nouveaux dessins, des fleurs, des oiseaux, des chevrons multicolores, etc... J'eus même la chance d'être référencée sur une très grosse plateforme de créateurs français, ce qui me permit de me faire beaucoup connaître ! Dès lors, je pus constituer des stocks de mes best-sellers, pour éviter d'aller trop souvent chez le fournisseur et pour faire une partie des envois le plus rapidement possible.

À peu près un an après ce premier été de tote bags, s'est passé un phénomène étrange. Du jour au lendemain, mes ventes ont gravement ralenti pour finalement presque

s'arrêter. Je n'avais rien changé et je n'y voyais aucune explication. C'était très préoccupant, car c'était devenu ma première source de revenus. J'ai réfléchi et j'ai commencé par baisser le prix de mes tote bags de 14 à 12 euros : le marché avait bougé depuis un an, et il fallait m'aligner sur cette baisse !
Là, les ventes ont repris immédiatement : c'était mon prix qui bloquait !!

Un an plus tard, rebelote : une baisse inexpliquée des ventes. Le marché évoluait, et je sentais qu'on était à un tournant. Car c'était le début de la mode des personnalisations. J'avais en tête de lancer une collection de tote bags avec des couronnes de fleurs personnalisables avec des prénoms. Étant donné que ça voulait dire tout fabriquer à la commande en flux tendu, ne plus fonctionner avec des stocks du tout, cela impliquait que mon fournisseur soit très disponible et flexible, et que je puisse le voir deux fois par semaine. Oui, parce que des articles envoyés vite, c'est aussi un fondamental pour attirer et garder ses clients !

Ça voulait dire que chaque commande serait un défi. Aucune personnalisation ne pourrait souffrir de défaut de fabrication — alors que sur mes stocks, si je tombais sur une impression un peu défectueuse, je pouvais évacuer le tote bag, car j'en avais d'autres plus réussis pour le remplacer.
Ça voulait dire aussi que je n'aurais plus l'option d'externaliser mon activité en passant par une entreprise qui pourrait stocker ma marchandise et l'expédier selon les commandes : car avec les articles personnalisés, ce système est caduc, ou lorsqu'il est possible, il est hors de prix. Pour toutes ces raisons, j'ai hésité trois mois avant de lancer les premiers graphismes de couronnes de fleurs, un peu par dépit. Mais grâce à cela, mes ventes connurent un essor très fort et je pus à nouveau vendre plusieurs articles par jour.

Mon chiffre d'affaires croissait de 30 % par an. J'avais augmenté le prix des tote bags personnalisables pour amortir le temps passé sur la gestion des fichiers graphiques et très vite, la personnalisation représenta 70 % de mon chiffre d'affaires.

Voilà un peu les différentes phases que j'ai connues avec mon activité en ligne. L'inconvénient, et je le savais, c'est qu'avec le système de personnalisation que j'avais mis en place, j'étais totalement dépendante de mon fournisseur et de ses prix. Et par ailleurs, j'arrivai dangereusement au point de rupture où je ne pourrais plus assumer seule la gestion des commandes : il aurait fallu que j'investisse dans une imprimante textile ou que j'embauche des salariés.
À vrai dire, je n'avais pas vraiment envie de vendre des tote bags toute ma vie. Je savais que j'étais arrivée au bout des potentialités qu'offrait mon système. Au même moment, mon fournisseur m'a envoyé un email pour m'informer d'une hausse de plus de 200 % de ses tarifs ; et comme il s'alignait ainsi avec les autres fournisseurs, je ne trouvai plus personne pour imprimer à un prix unitaire rentable pour moi. J'ai su que ça sonnait le glas de mon activité telle que je la connaissais !

Pendant toute cette période, j'ai adoré traiter chacune des commandes. J'ai créé des liens amicaux avec nombre de clientes, que je considère toutes comme ma famille étendue. J'ai réussi à engendrer un taux de fidélisation hors-norme et j'ai appris énormément de toute cette expérience.
J'ai donc décidé de transmettre ce savoir et de constituer une Cellule de Conseil aux Boutiques en Ligne : c'est le fruit de ce travail que vous trouvez ici dans ce manuel.

Je ne sais pas ce que vous retenez de ce récit, mais je pense que si je n'avais pas trouvé d'autres formes d'articles que ma papeterie du début, j'en serais probablement toujours au même point et totalement découragée. Je pense que si je n'avais pas trouvé un système pour développer autant de graphismes, ma boutique n'aurait pas autant plu ; et même après ça, je pense que si je n'avais pas aligné mes prix ni ensuite lancé la personnalisation, mon activité aurait été finie bien vite. Ainsi, rien n'est acquis et il vous faudra toujours guetter l'évolution du marché sur lequel vous êtes positionné, et surtout chercher à créer de nouveaux produits et à vous diversifier au maximum pour maintenir ou augmenter vos revenus !

Pour en revenir à nos moutons et surtout à votre boutique à vous : si vous n'arrivez pas faire décoller vos ventes, voici quelques pistes :
— diversifiez vos articles
— assurez-vous qu'ils sont attractifs et à la mode
— testez des prix différents jusqu'à tomber sur le prix psychologique (prix que les clients sont prêts à payer pour un produit ou un service donné). Ce n'est pas grave si des clients vous achètent la même chose à un prix différent, ce n'est pas grave non plus si le prix affiché est différent à chaque fois que des personnes viennent et reviennent sur votre site : l'important est de trouver le prix qui déclenchera le maximum de ventes, on est d'accord ?

Courage : c'est un peu longuet, mais vous bénéficiez du meilleur atout du web : une immédiateté des tests et un changement très facile et non coûteux de tous vos paramètres !
Alors, patience, et tenez bon.

Jour 29

QUE PENSER DES BLOGS ET DES MARKETPLACES ?

Aujourd'hui, il ne s'agit pas d'un atelier : vous savez maintenant quoi faire chaque jour. Aujourd'hui, il s'agit de stratégie concernant les marketplaces et les blogs.
Sur la durée de votre activité de vente en ligne, vous serez démarchés par des blogueurs et blogueuses et par des marketplaces. Je pense que vous connaissez les blogs : ce sont les sites internet d'amateurs dans tous les domaines, qui postent des billets sur leurs sujets de prédilection. Certains blogueurs ou blogueuses sont devenus très influents et font connaître des produits auprès de groupes très vastes audiences, qui sont des acheteurs potentiels ; leur rôle d'influenceur est très important et peut faire décoller une petite marque.

Les marketplaces, elles, sont des sites de vente en ligne qui se présentent comme des plateformes regroupant plusieurs marques autour d'un thème, le bio, le made in France, la chaussure, le vêtement, etc.

Maintenant que les présentations sont faites et qu'on peut commencer à traiter ces deux sujets, la stratégie que je vous propose d'adopter est de dire « oui » à tout : je vous explique tout ça tout de suite, en commençant par les blogs.

Alors, les blogs : sous le prétexte assez agaçant de faire un « partenariat », une excuse assez lourdingue pour, avouons-le, vous soutirer des articles gratos, les blogueurs-euses peuvent tout de même concourir à faire connaître votre marque et c'est important. Alors, c'est vrai que c'est assez désagréable d'être démarché, surtout par des personnes qui manquent parfois de savoir-vivre (qui ne vont pas se présenter, ou demander de façon agressive). J'ai aussi été démarchée par des blogueuses qui ne donnaient pas le lien de leur blog…
Pour ma part, les blogueuses qui m'ont démarchée avaient en général une audience dramatiquement faible (de l'ordre de 50 ou 100 suiveurs sur les réseaux sociaux). Malgré cela, et en partant du principe que vous avez un petit stock d'articles peu coûteux que vous pouvez vous permettre de donner, je pense qu'il faut dire oui à tout. Même à la plus agaçante des blogueuses. Dire oui à vingt blogueurs et blogueuses, ça fera autant de personnes qui parleront de vos articles en termes enchanteurs. En début de carrière, les blogueurs et blogueuses sont obligés de démarcher : ils n'ont pas encore l'audience qui leur permettra plus tard de se voir offrir des articles ou d'être payés pour en recevoir. Ils sont donc contraints d'acheter les articles ou de démarcher pour essayer d'en obtenir. Ils essuient des centaines de refus. Si vous acceptez d'offrir votre article, vous envoyez au blogueur ou à la blogueuse le signal que vous soutenez son univers, que vous l'encouragez sur son chemin et il ou elle vous en sera très reconnaissant.
Et c'est ça qui est gagnant-gagnant : peut-être que ce blogueur ou cette blogueuse n'aura que très peu d'audience, mais peut-être que dans deux ans, il ou elle aura percé et qu'ils auront un très bon souvenir de vous ; c'est plutôt une belle graine de plantée dans ces cas-là, non ?

Quoi qu'il en soit, c'est hyper positif comme attitude. Et quoi qu'il arrive, ça vous fera des parutions web et donc

une existence sur internet ; ça fera des liens vers votre site, et ça contribuera donc à améliorer votre référencement organique (ou référencement naturel — ça veut dire sans payer), petit à petit. Ceci dit, une fois, j'avais envoyé un produit à une blogueuse qui en avait fait un article peu flatteur ; lorsqu'elle m'avait fait signe pour un nouveau « partenariat », je n'ai évidemment pas donné suite.
Mais il y a eu ces deux blogueuses qui avaient monté un blog ensemble, et à qui j'avais offert un tote bag : elles avaient fait plein de photos et même si elles étaient totalement inconnues, elles avaient un enthousiasme génial. J'ai adoré échangé avec elles ; et au fil du temps, elles ont fini par se faire bien connaître et même par fournir du contenu à des magazines de DIY. Elles avaient gardé un très bon souvenir de moi (ce qui était bien réciproque !) et cela ne peut être que positif pour une marque.

Et puis il y a sans doute des tas de blogueurs ou blogueuses donc le billet n'a pas eu beaucoup de retombées ; mais là encore, c'est toujours bon pour la rencontre et les mails échangés, les personnalités découvertes.
Prenez chaque personne comme elle est, avec ses caractéristiques propres et toutes ses qualités. Perso, je n'ai jamais regretté l'échange vécu, ni l'empreinte que le geste de donner a pu laisser dans le temps.

Voilà donc pourquoi je vous encourage à dire oui aux blogueurs et blogueuses mêmes les plus dégoulinants d'orgueil, les plus impolis ou énervants de la terre, ou avec des blogs nuls. Vous en aurez toujours un retour sur le long terme ! Ne serait-ce qu'on bon karma :-)

Quant aux marketplaces, mon avis est similaire : vous serez certainement démarché-e par une marketplace de votre domaine pour les rejoindre, et ce serait une super bonne chose !

Votre présence sur des marketplaces pourra renforcer la visibilité de votre marque sur le web et vous faire découvrir.
Pour les conditions, je dirais qu'une marketplace vraiment majeure, qui brasse des dizaines de milliers de clients chaque mois pourra vous prendre jusqu'à 30 % sur le prix public maximum, mais si et seulement si votre politique de prix vous le permet. Les marketplaces majeures peuvent vous faire connaître, et notamment auprès des journalistes, mais il faut que les bénéfices nets soient au rendez-vous : sinon, refusez sans état d'âme. Ces marketplaces majeures sont très rares.
Pour une marketplace toute nouvelle et inconnue, négocier 15 % maximum me semble opportun. Avant de décider de vous engager sur une marketplace, assurez-vous simplement que vous pouvez gérer plusieurs boutiques en même temps, que ce soit au niveau du temps passé à mettre des articles en ligne ou au niveau de la production et du suivi des commandes. Vous pouvez vous attendre à une ou deux ventes par semaine tout au plus (sauf cas particulier), mais l'objectif de visibilité est un atout.

Voilà : aujourd'hui on a abordé comment dire oui aux sollicitations, même si parfois on n'en a pas envie !
C'est une stratégie là encore très personnelle, et j'espère que si cette stratégie ne vous convient pas, elle aura pu nourrir votre réflexion ! Demain, on abordera des propositions de stratégies spécialement pensées pour les créateurs de vêtements... mais d'ici là c'est repos !

Jour 30

STRATÉGIE DÉDIÉE AUX MARQUES DE VÊTEMENTS

Temps : juste le temps de lire ce chapitre pour nourrir votre réflexion stratégique à tous ! Ça peut servir, même pour ceux d'entre-vous qui font autre chose que de la sape.

Aujourd'hui, c'est un jour spécialement dédié aux marques de vêtements, car c'est une problématique à part qui nécessite bien un chapitre. Une marque de vêtement peut être pilotée par :
— un créateur-trice qui dessine les patrons et coud les pièces
— un créateur-trice qui sous-traite la couture
— un créateur-trice qui dessine des graphismes ou des broderies qu'il applique sur un support (t-shirt, etc.).

Sous toutes ces formes, une problématique majeure va naître en même temps que le projet au sujet des stocks, à savoir : combien de tailles il faudra proposer, et quel stock il faudra se constituer. Si cette problématique de stratégie est au cœur des préoccupations des créateurs et créatrices, c'est parce que la constitution d'un stock est coûteuse. Il est donc essentiel de savoir comment investir pour ne pas se planter. Très désespérant de se retrouver avec un stock d'invendus, très désespérant d'avoir une commande d'une robe avec un tissu qu'on n'a plus parce qu'on avait acheté un coupon de 3 mètres...

Moi aussi j'avais en tête de lancer une collection de vêtements (qui n'a finalement pas abouti). Et comme tous les stylistes, je me cassais les dents sur cette histoire de tailles. Ma couturière a résolu ce problème pour moi en deux secondes ! Elle m'a dit d'oublier les tailles 34 à 48, elle m'a dit d'oublier les tailles S à XXL... au profit des tailles 1 et 2 pour commencer ! Voir taille unique seulement au départ, sur certaines pièces qui le permettent. Alors c'est sûr que c'est possible uniquement en redessinant un peu les patrons pour faire des formes un peu moins près du corps. Mais stratégiquement, ça vous permet au moins de lancer des modèles sans le stress d'un trop grand éventail de tailles ! À vous de voir si cela peut vous faciliter la tâche.

Au niveau de votre positionnement, en regardant la saturation du marché sur les vêtements à bas prix ou à prix intermédiaires, il semble quasiment indispensable de se positionner sur du vêtement de très haute qualité, avec une très belle coupe et de beaux matériaux, afin que ce que vous proposiez ait une réelle plus-value par rapport à tout ce qui existe déjà. Voyez donc comment vous pouvez rendre vos coupes un peu plus chic, un peu plus raffinées, un peu plus travaillées. Ce n'est pas forcément la peine d'ajouter quantité d'accessoires et de poches pour rendre le vêtement plus cher, ça n'est pas la démarche ; au contraire, des coupes plus épurées, plus simplement belles seront peut-être la clé d'un positionnement distingué. Ou alors, vous pouvez avoir une gamme de prix intermédiaire si vous proposez quelque chose d'unique, ou quelque chose de très demandé (en ce moment, des vêtements incluant du wax par exemple).

Si vous achetez des petits métrages et que vous ne savez pas quelle taille coudre pour constituer votre stock :

— la première option, me semble-t-il, est de choisir un tissu classique que vous êtes à peu près sûr-e de retrouver plus tard si l'afflux des commandes l'exige. C'est toujours un risque, mais plutôt minime, car vous pourrez toujours trouver un équivalent de qualité. Par ailleurs, imaginez que vous n'avez plus ce beau tissu noir des premières pièces, qui correspond aux photos de votre boutique en ligne, et qu'un nouveau client en commande une pièce : il suffit de le prévenir que vous avez un équivalent de grande qualité, et il n'y a aucune raison pour que la vente capote. Il n'y a donc pas vraiment de raison de stresser.

— La deuxième option concerne les tissus qui seront difficiles à trouver plus tard, car ce sont des tissus à motifs, que vous ne savez pas s'ils seront reconduits la saison suivante ou même s'ils sont déjà en fin de stock. Dans ce cas-là, optez pour l'achat de votre métrage habituel, et partez sur une coupe T1 ou T2, ou taille unique : une fois le stock fini, il n'est plus possible d'acheter des pièces et ce n'est pas un drame.

— et enfin, évidemment, la troisième option est de ne coudre qu'une seule pièce à l'avance pour le shooting (pour mettre la photo sur votre boutique en ligne), et de coudre le reste à la commande, si vous préférez pouvoir proposer des tailles 34 à 44 ou plus.

Cette stratégie de gestion des tissus vous appartient, mais pour résumer, je dirais que vous pouvez vous enlever du stress en rationalisant avec les pistes énumérées ci-dessus... et j'espère que vous trouverez dans ma liste une stratégie qui vous sied !

CONCLUSION

Nous arrivons à la fin de cette formation technique et stratégique planifiée sur 30 jours. Ce sont 30 jours théoriques bien sûr ; il s'agit de 30 petits pas qui pourront vous mener vers le succès et j'espère que vous aurez trouvé dans ce rythme, un accompagnement pour avancer ! Parallèlement à l'écriture de ce livre, j'ai commencé à coacher des boutiques en ligne, ce qui a beaucoup nourri mon travail. J'ai réalisé que les eshops rencontraient toutes les mêmes problématiques, notamment liées à des idées fausses qui sont ancrées dans l'imaginaire collectif. Le but de ce livre était aussi de tenter de poser les choses telles que je les vois, particulièrement si cela va à l'encontre de ce que l'on a entendu autour de soi depuis toujours !

Pour terminer, je voudrais juste vous dire un grand bravo pour l'aventure que vous entreprenez ! C'est formidable, et c'est un très bel investissement sur le long terme.
Bien sûr, il pourra y avoir des jours ou des semaines sans vente : gardez le cap ! Ce sont les jours où s'ouvrir sur le monde extérieur sera le plus difficile, mais aussi le plus salvateur. Contactez d'autres eshops ou d'anciens clients, juste pour faire coucou... Les échanges sont une grande source d'énergie. Quoi qu'il arrive, ne baissez pas les bras, car tout ce que vous avez déjà mis en place montre vos grandes qualités ! Et surtout, surtout, continuez vos efforts sur la durée. Chaque jour, appuyez-vous sur des données réelles que sont les statistiques ou les échanges avec des

personnes pour continuer d'essayer, jusqu'à ce que vos ventes décollent ! Vous allez y arriver.

J'attends votre témoignage, les difficultés que vous rencontrez ou même juste votre enthousiasme sur mon site https://www.cellule-de-conseil-aux-e-boutiques.com/ !
Et on se fait un petit point ensemble dès que vous le souhaitez : si malgré tous vos efforts, le découragement s'installe... faites-moi signe : en très peu de temps, on débloquera les petits freins qui empêchent votre succès !
Merci de m'avoir lue, et avec toute mon affection,

Violette Nouailhac.

Printed by Amazon Italia Logistica S.r.l.
Torrazza Piemonte (TO), Italy

43842422R00069